Karl-H. Löffler

Mutmaßliches über Linden
Episoden aus einem Stadtteil

Karl-H. Löffler

Mutmaßliches über Linden

Episoden aus einem Stadtteil

ISENSEE VERLAG
OLDENBURG

LINDEN; Vorort von Hannover
Industrie (Eisen, Lokomotiven, Baumwolle, Teppiche, Chemiekalien).

Kleiner Brockhaus Leipzig 1925

Gewidmet meiner Frau,

die viele Jahre Betriebsrätin der Gewerkschaft Textil und Bekleidung bei der Bettfedern- und Daunenfabrik Werner & Ehlers, Hannover-Linden, war ...

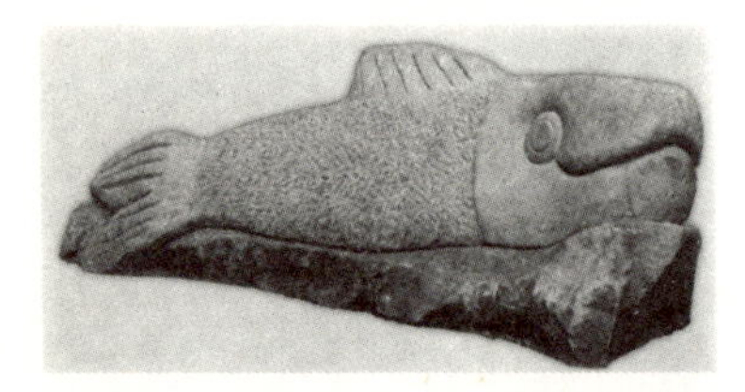

Dank an den in Linden beheimateten Bildhauer & Restaurator Wolfgang Supper für die in Stein gehauenen Bildvorlagen.

Die Deutsche Bibliothek - CIP-Einheitsaufnahme

Löffler, Karl-Heinz:
Mutmaßliches über Linden : Episoden aus einem Stadtteil /
Karl-H. Löffler. - Oldenburg : Isensee, 2002
ISBN 3-89598-868-5

Gedruckt bei Isensee in Oldenburg

Mutmaßliches über Linden

Inhalt

Karl-H. Löffler

wohnhaft in Hannover/Calenberger Neustadt, geboren 1948 in Friedrichsdorf/Westf., ebendort aufgewachsen.

Besuch der Volksschule, nachfolgend eine Handwerkslehre im Elektrofach sowie Praktikum in der HF-Technik. Zweiter Bildungsweg, Berufsaufbauschule. Alsdann vier Jahre Bundesgrenzschutz (GSE-Paßkontrolldienst).

Im Anschluß Fachhochschulstudium Sozialwissenschaft und Studium der Germanistik / Literaturwissenschaft an den Universitäten Bielefeld und Hannover. Gleichzeitig tätig als Elektroinstallateur in Industrie und Handwerk, Fernfahrer im Werksfernverkehr. Sozialpraktikum Erwachsenenbildungsprojekt bei der Ev. Kirche Westfalen-Lippe. Ev. Kirchengemeinden Altstadt – Nicolai – Georgen, Bielefeld Kuratorium für Jugendarbeit. Tontechniker-Ass. an den Bühnen der Stadt Bielefeld. Dort Vertrag als Tontechniker im Schauspiel. Engagement als Tonmeister an der Nieders. Staatsoper Hannover; seit 1993 Leitender Tonmeister am Nieders. Staatstheater Hannover, Sparte Musiktheater/Oper. Verfasser zahlreicher Prosasowie Lyrikwerke:

„Dörfliche Weihnacht" (Gütersloh 1993), „Horrido! oder Im Niggen Dourpe ist Schützenfest" (Gütersloh 1993), „Alkorien oder Wundersame Begebenheiten in einem fernen Land" (Aachen 1996), „... denn sie hatten sonst keinen Raum in der Herberge" (Aachen1996), „Wortreich – Gedanken an sich" (Selbstverlag 1997), „Deutsches Weihnachtsbuch" (Husum 1996), „Riepeltied oder Die allgemeinen Allüren des Alltags" (Aachen 1998), „... denn es soll wieder Weihnachten werden oder Die Reise in den Vogelsberg" (Hünfeld 1998), „Silvesternacht oder Das Spiegelbild eines unwirklichen Traums" (Oldenburg 1999) „Ein wenig Wohllaut und Parabelgesang. Seiltanz der Poesie" (Selbstverlag 1999), „Wunderweiße Winternächte. Geschichten aus dem Vogelsberg" (Hünfeld 2000)

Mutmaßliches über Linden

Erste Episode

Phantasiebeladen nahm ich vergangene Nacht den Faden der Ariadne auf; Inhalte, Sinnbilder, Scheinwelten – in ihren Eigenheiten kurios, skurril, ridikül und frappant.

Mondbeglänzte Zaubernacht im Sternenstaub, die sich hinter der Stadt auftat. Am Fuß des Berges Parnaß versank die Zeit in den Nachtwolken. Währenddessen flüsterte mir der Kobold Lapideus unentwegt Absonderliches zum Ohr herein ...

Beseelt von einem außerordentlich linden Sommerabend, hatte ich mich in der Absicht auf den Weg gemacht, beim Lindener Bildhauer und Steinmetz Supper hereinzuschauen.

Kürzlich hatte eines seiner in Stein gehauenen Reliefwerke die künstlerische Vollendung gefunden. Ein Relief, auf dessen feinbearbeiteter Fläche, von der oberen Hälfte nach unten hin verlaufend, Buchstaben erscheinen, die unaufhaltsam stärker werdende Konturen annehmen, als seien sie in ihrer Struktur von den Gezeiten herausgewaschen.

Auf dem gesamten Stein erschien, in zunehmender Lesbarkeit, die von mir niedergeschriebene Lyriktextpassage: „Es war einmal in den Nachtwolken – vor undenklicher Zeit ... In nordischen Tagen, indessen die gesamte Welt sich durch die Bläue dreht. Von einem güldenen Schlüssel und vom bläulichen Licht ward die Rede. Überbrachte Märchen erzählen von den stillen Winkeln im fernen Alkorien. Nocturne – von Gedanken an sich, die wortreich Sinnbilder unter den Steinen malten, war dazumal die Rede".

Als Lithographie auf dem Weg des Flachdrucks in „Solnhofener" Plattenkalk eingebracht, diente dieser Stein früher als Multiplikant; hier bei dieser Supperschen Steinmetzarbeit mochte das Kunstwerk in seiner Einmaligkeit nur durch die Augen des Betrachters seine Vervielfältigung erfahren.

Grundlegend sicherlich eine althergebrachte Technik, die aber unter den Händen des Bildhauers, in dieser Form umgesetzt, eine ganz andere Wertigkeit bekam.

Folglich gab es im Hinterhof des Kötnerholzwegs bei Meister Supper die Schöpfung eines Kunstwerks zu feiern.

Von Kostakis, dem Griechen an der Limmerstraße, hatte ich mir wohlbedacht ein paar köstliche Spezialitäten – nur pikante Kleinigkeiten – einpacken lassen: Auf einem großen Tablett hatte der Grieche „Anginares", „Saláta Gerides" und „Sáltsa tomátes" hübsch appetitlich angerichtet. Außerdem nahm ich einige Flaschen „Retsinato" und „Rombola" mit; griechische Tropfen, die sich vortrefflich für eine solche Sommernacht empfahlen ...

Bereits von weitem hörte ich das mehrfach unterbrochene Klingen des Klöppels auf festem Stein. „Nanu, kann es angehen, daß Meister Supper noch am Werken ist?", fragte ich mich verwundert, als ich am Durchgang zu seinem Atelier anlangte.

Wenig später konnte ich dann sehen, daß die großen Flügeltüren zu seinem Atelier einladend weit offen standen und der Bildhauer, umgeben von einigen seiner Fabel- und Phantasiewesen, tatsächlich noch emsig mit Klöppel, Stockhammer und Schlageisen an einem Findlingsstein meißelte.

Vor ihm auf einem niedrigen Holzbock stand ein auffällig länglich-ovaler Stein, aus dem er bereits kunstvoll plastisch einen Eulenvogel herausgehauen hatte, der auf einem steinernen Folianten saß und an den er anscheinend zu dieser Stunde noch letzte Hand anlegte.

Immer wieder das Werkzeug sinken lassend, mitunter einen Schritt zurück tretend, besah er sich abschätzend die Meißelarbeit an dem Stein.

Ich trat auf ihn zu, legte achtsam meine Hand auf seine Schulter und deutete verschwörerisch auf den mit einem blaugemusterten Küchentuch abgedeckten Einkaufskorb.

Ohne viele Worte zu machen, packte Meister Supper umgehend das Steinmetzwerkzeug zur Seite, hängte seine Schürze an einen Haken und wusch seine Unterarme unter dem Wasserstrahl, derweil ich mich in seinem Atelier nach der fertiggestellten Steintafel mit meinem eingemeißelten Lyriktext umschaute.

Bevor ich sie unter verschiedenen Steinrohlingen entdecken konnte, blieben meine Blicke nochmals auf dem in Arbeit befindlichen Stein haften.

Mein erwachendes Interesse sogleich bemerkend, fragte Meister Supper mich, wie seine neue Eulenfigur auf mich wirke. Das wahrhaft Besondere an diesem Eulenvogel sei das ungewöhnliche Steinmaterial, aus dem er ihn mit gewaltigen Schlägen herausgearbeitet habe, fügte er hinzu.

Vor einigen Wochen habe er diesen gewichtigen Findling vom „Limmer Bauer", der ihn auf einer seiner Wiesen in der Leineaue entdeckt hatte, übergeben bekommen.

Das letzte Hochwasser im Frühjahr wird ihn wahrscheinlich freigespült haben. Ein auffallend ungewöhnlicher Stein, der eigentlich in unserer Gegend in dieser Art nicht oft vorkam; eben ein Findling, der vor langer, langer Zeit infolge des eiszeitlichen Geschiebes auf dem Wiesengrund vom „Limmer Bauer" abgelagert wurde.

Im allgemeinen schätzte und bearbeitete Steinmetz Supper den „Obernkirchener Sandstein" aus dem nahen Weserbergland. Aber bei einem solchen Findling konnte er einfach nicht umhin, den mußte er für eine Skulptur verwenden. Unter seinen Händen sollte aus dem Findlingsstein eine Eule entstehen. Doch dem Stein sei erst gar nicht beizukommen gewesen, so unglaublich hart hätte sich das Material unter der Arbeit gegeben. Granit sei nichts dagegen! Also so gesehen, eine absolute Herausforderung für einen Bildhauer.

Zudem habe ihn die überaus seltsame Form des Steins maßlos verwundert; einerseits hatte dieser Findling mit Sicherheit Tausende von Jahren im Erdreich an der Leine gesteckt, andererseits besaß er das Aussehen, als hätten erst vor kurzem noch erdgeschichtliche Kräfte an ihm gewirkt. Offenbar sei dieser Findling nur ein Teilstück eines unglaublich großen Ganzen gewesen. Die rückwärtige Splitterkante zeige das sehr deutlich.

Vermutlich seien es die überirdischen Kräfte Thors gewesen, der mit seinem Hammer „Mjöllnir" einem Riesen seine Grenzen aufgezeigt hätte, fügte Meister Supper augenzwinkernd an. Also, wenn Steine reden könnten ...

Bevor nun Meister Supper weiter in Kunst und Felsgestein schwelgen konnte, während wir den Tisch im hinteren, offenen Teil des Bildhauerateliers mit den köstlichen Dingen aus Hellas deckten, stand unerwartet U. Barth, der bärtige Maler, im Raum. Gutgelaunt grüßte er uns mit „Blau und Gelb für die Nachwelt", dem Titel eines seiner Gemälde.

Von Zeit zu Zeit schaute er, genau wie ich, bei Meister Supper im Atelier vorbei, denn er nahm – aufgeschlossen für die Skulpturen des Bildhauers – regen Anteil an dessen Arbeit und ließ sich zuweilen sogar davon inspirieren.

Ehe U. Barth sich neugierig der steinernen Eule nähern konnte, schenkte ich ihm einen „Rombola"-Wein ein und bot ihm an, zu bleiben. Das ließ er sich natürlich nicht zweimal sagen.

Zu dritt saßen wir dann, umgeben von dichten Sträucherhecken, unter freiem Abendhimmel zusammen, ließen uns die ausgesuchten griechischen Köstlichkeiten schmecken und genossen ausgiebig „Retsinato" und „Rombola".

Mild und sanft gab sich die abendliche Luft. Von den hellen

Wänden des Ateliers strahlte die Tageswärme ab. Die vielen angezündeten Kerzen tauchten Meister Suppers Werkraum in einen wunderlichen Zauber, und von den steinernen Fabelwesen ringsherum fielen seltsam anmutende Schatten an die Wände. Hoch über uns funkelte inzwischen ein faszinierendes, mit unzähligen Sternen übersätes Firmament. Kein Klang der aufgeregten Zeit drang noch in unser Bewußtsein; Sommerabend in Linden ...

Zu vorgerückter Stunde dann – es muß bereits nach Mitternacht gewesen sein, jeder von uns hing stumm seinen Phantasien nach – da hatte es mit einem Mal den Anschein, als ob sich die zuletzt bearbeitete Eulenskulptur regte und mit ihren übergroßen Augen zu uns, die wir am Tisch saßen, herüberblickte. Aufmerksam geworden, ließen wir die Gläser sinken und vermeinten eine Stimme zu vernehmen, die offenbar aus dem behauenen Findling klang.

Seltsamerweise bewegte sich der steinerne Eulenvogel. Es schien, daß er sich kurzzeitig aufplusterte. Dieser höchst unerklärliche Vorgang schlug uns nunmehr in seinen Bann, und wir lauschten der erzählenden Stimme. Ja, wenn Steine reden ...

In den grauen Nebeln der Vorzeit, nachdem sich in der unermeßlich weit zurückliegenden Vergangenheit das Gletschereis aus den nordischen Gefilden wie ein gigantischer Hobel über die norddeutsche Tiefebene geschoben und später die unvorstellbar große Menge an eiszeitlichem Schmelzwasser über die Zeit von Jahrtausenden hin sich ganz allmählich in Senken, Gräben, Vertiefungen und Höhlen verlaufen hatte, hat es sich womöglich zugetragen.

Das zurückgebliebene Moränengebiet im weiten Land erstreckte sich in alle vier Windrichtungen und bot bis hin zum großen Meer einen trostlosen Anblick.

In dieser ausgedehnten Erdenwildnis lagen unzählige Findlinge herum. Wahllos hatten sie sich in den Boden gepreßt oder türmten sich in absonderlicher Form auf.

Im Bereich der offenen Landflächen trieben die starken Sturmwinde mit den losen Sanden ungehemmt ihre Spiele. Mancherorts wehten sie den Sand zu gigantischen Dünen auf, die dann, unaufhaltsam über Land wandernd, alles unter sich begruben.

Zeitweise zuckten ungeheuerliche Blitze aus der Höhe hernieder, die sich manchmal unter krachendem Getöse tief in die sandigen Schichten eingruben.

In den weitverstreuten Höhlen und Felsspalten ringsum im Land verblichen die Skelette aussterbender Kreaturen, deren fossile Überreste erst viele Jahrtausende später in einer anderen Zivilisation von Interesse für die urgeschichtlichen Forschungen werden sollten ...

Zu jener weit zurückliegenden Zeit trieben drei abscheulich grobe Burschen von Riesen in dieser unwirtlichen Gegend, die in veränderter Form später den Landstrich Niedersachsen darstellte, ihr Unwesen.

Ein jeder von ihnen hatte sein Territorium, das er, wenn er sich enorm anstrengte, mit wenigstens dreiundsiebzig Dutzend Riesensprüngen durchmessen konnte, durch eine Vielzahl von gewaltigen Steinhaufen markiert. Wehe jedem anderen, der diese Grenze verletzte, in der nächtlichen Finsternis gar verrückte oder frevelhaft niederriß; auf der Stelle entbrannte der Zwist, und die jeweiligen Riesen lagen sich gewaltig in den Haaren. In diesen Dingen kannten sie überhaupt kein Pardon. Nicht einmal bei der Verwandtschaft waren sie nachsichtig.

War der Streit erst einmal vom Zaun gebrochen, betrugen die Riesen sich äußerst rüpelhaft und gingen furchtbar wutschnaubend aufeinander los. Zu manchen Zeiten, wenn das volle Mondlicht die Erde kalt erhellte, trug der graue Sturmwind ihr ungebührliches Gezeter, das fürchterliche Grollen und den neidlichen Hader weit über das Land ...

In jener unwirklichen Zeit mag es sich nun zugetragen haben. Die Märzensonne erwärmte zaghaft das öde Land. Durch diese Frühlingsbotschaft hatte sie einen der gewalttätigen Riesen aus der tiefsten Tiefe seiner Höhlenbehausung unter dem Lindener Berg hervorgelockt.

Seit der hohen Stunde des Tages lag er faul auf einem der Steinhaufen, die er oben auf der Kuppe des Lindener Berges aufgeschichtet hatte.

Gänzlich müßig ließ der schlaksige Bursche sich die wärmende Sonne auf den Bauch scheinen. Seine Hände hinter dem Kopf im Nacken verschränkt, blinzelte er versonnen in das hellichte Blau des Firmaments und den Wolken nach, die vom Windgesellen, der Windrose entsprechend, träge sein Blickfeld durchkreuzten.

Nach einer geraumen Weile war er dem Tag gänzlich entrückt und träumte vom lieblichen Carnac, das wohl mehr als drei Tagesreisen entfernt war und sich dort mit seinen kilometerlangen Steinreihen nach dem großen Meer erstreckte.

Seit Zeiten liebäugelte er damit, in der Urstromaue der Leine einen ebenso eindrucksvollen Steinpark aus erratischen Blöcken zu errichten: in fünf oder mehr Reihen nebeneinander, im gleichen Abstand, schnurgerade fortlaufend und an Größe immer mehr abnehmend, sollten die Steine sich in der Norddeutschen Tiefebene verteilen. Den Endpunkt, markiert durch einen hochaufgetürmten Steinhaufen, gedachte er irgendwo am äußersten Rand seines Blickfeldes zu setzen.

Zwar hatte der Riese im Verlauf von Jahren an der seichten Uferböschung der Leine bereits eine enorme Ansammlung von gebrauchsfähigen Steinblöcken aufgehäuft. Doch über die Zeiten hin war er der Arbeit an dem Werk immer wieder überdrüssig geworden und hatte die Hände in den Schoß gelegt.

Deshalb erstreckte sich die Markierung erst wenige Schritte in der Landschaft, und wenn man nicht gerade sehr genau hinschaute, so konnte man sie überhaupt nicht erkennen. Die wenigen Steinblöcke lagen eher zufällig in der Gegend herum; von einer fortlaufenden, grenzzeichnenden Aneinanderreihung konnte überhaupt nicht die Rede sein.

Hin und wieder wurden die Findlinge von dem Riesen völlig gedankenlos auch als Wurfgeschosse wider seine garstigen Nachbarn genutzt. Aber dennoch ließ er sich nicht von der Idee eines „megalithischen Parks" abbringen. Irgendwann würde er sein Werk selbstverständlich vollenden ...; so jedenfalls träumte er in einem fort. Auch jetzt, als er auf der Kuppe seines Hausberges in der milden Märzensonne lag, ihm die Augen zugefallen waren und er behaglich schnarchend ein gepflegtes Nickerchen hielt.

Plötzlich schlug ihm ein mächtiger Schwall Wasser ins Gesicht. Äußerst brutal aus dem Schlaf gerissen, stand er im Nu auf den Beinen und tobte wie ein Berserker.

Fuchsteufelswild lärmend ballte er seine Riesenfäuste in nordwestliche Richtung, wo er fernab am Horizont die feixende Gestalt seines Nachbarn wahrnehmen konnte, der irgendwo dort im unwegsamen Hümmling hauste.

Einzig und allein aus Jux und Tollerei hatte dieser kindische Rüpel, als ihm das entsetzlich laute Geschnarche seines Nachbarn ans Ohr drang, einen Findling von ansehnlicher Größe aus dem Sand gehoben und diesen mit großer Kraft in Richtung Lindener Berg geschleudert, um dem Schnarcher auf diese Weise einen Schabernack zu spielen.

Schlecht gezielt, war der kolossale Steinbrocken im hohen Bogen mitten in das Flußbett der Leine gefallen und hatte so das kalte Flußwasser beträchtlich spritzen lassen. Mehr noch, gleich darauf sauste, begleitet von brüllendem Gelächter, ein weiterer Steinbrocken rasant heran. Auch dieser plumpste mitten in die Leine – platsch! – und näßte den gräßlich tobenden Wüterich auf dem Lindener Berg nochmals sehr unmanierlich.

Aufgebracht schüttelte sich der Lindener Riese nach dieser unfreiwilligen Dusche, und überaus wütend alle Rücksichten vergessend, brüllte er enthemmt los.

Aus dem großen Steinhaufen, auf dem er sich eben noch geräkelt hatte, klaubte er hitzköpfig einen mächtigen Findling und stieß diesen unter einem enormen Fluch gegen den unseligen Störenfried im benachbarten Hümmling.

Der entstehende Radau rief unversehens den dritten Riesen der Gegend auf den Plan. Sich flugs auf den Wierener Berg begebend, schaute er ins weite Land, um die Ursache des Klamauks zu ergründen.

Sogleich merkte er, daß sich die Sache augenscheinlich gut anließ und er keinesfalls umhinkonnte, bei diesem zünftigen Händel mitzumischen.

Nur gut, daß der kleinste der Riesen, der erst seit kurzem im Elm hauste, nicht zugegen war, denn so hatte der Lindener Riese wenigstens seinen Rücken frei und brauchte sich bei diesem vom Zaun gebrochenen Zwist nur um die zwei Rabauken im Emsland und in der Heide kümmern. Und von denen ließ er sich doch nicht „verhohnepiepeln"; das wäre ja noch schöner!

Es dauerte nicht lange, und die Luft war angefüllt von einer Unmenge von Steinen, die hin- und hersausten. Dumpf schlugen die schweren Gesteinsbrocken im Erdreich ein und gruben den Boden in den jeweiligen Landstrichen gewaltig um. Mitunter entstanden sogar tiefe Krater. Ja, die Riesen waren bisweilen nicht besonders zimperlich mit ihrer Umwelt. Ein jeder war nur auf seinen Triumph über den anderen bedacht.

Wie sonst auch, dauerte diese Zwistigkeit der Hitzköpfe mehrere Tage. Erst als die Steine, derer die Riesen ohne große Mühe habhaft werden konnten, nur noch von ganz geringer Größe waren, erlahmte die Steitlust, und nach und nach verrauschte die verbissene Wut. Mit Kieselsteinen gab man sich als Riese in der damaligen Zeit nicht ab!

Jeder zog sich auf das heimische Territorium zurück und „leckte" wehleidig die zugezogenen Blessuren.

Der Riese des Lindener Berges schleppte sich, von der Harenberger Höhe kommend, wo er blindwütig die letzten Findlinge gegen die anderen Riesen geschleudert und sich dabei zu allem Überfluß aus Unachtsamkeit einen überaus gewichtigen Stein auf den Fuß fallen lassen hatte, unter Schmerzenstränen in seine Höhlenbehausung zurück.

Auf seinem Weg hinterließ er überall beträchtliche Tränentropfen, die dort, wo sich heute Davenstedt und Limmer befinden, nur teilweise im sandigen Erdboden versickerten. Ein schmales, salzhaltiges Rinnsal ergoß sich bald als Fösse in die Leine.

Nachdem die Wehleidigkeit des Lindener Riesen nach und nach abgeklungen war, sann er manche Nachtstunde mit großem Eifer darüber nach, wie er den Nachbarn einen gehörigen Denkzettel verpassen und sie so ein für allemal in die Schranken weisen konnte.

Zu Anfang wollte ihm überhaupt nichts Rechtes einfallen, solange er auch seinen Kopf darüber zerbrach. Immer wieder verwarf er diesen oder jenen Rachegedanken als zu banal. Es mußte schon ein derber Denkzettel sein. Wie nur sollte er die Sache angehen? Diese marternden Gedanken führten bei ihm zu enormen Kopfschmerzen.

Nach und nach verfestigte sich dann die Idee, unter Zuhilfenahme der Hügelkette des Deisters einen felsigen Wall um sein Territorium aufzuschütten. Doch auch wenn er aus dem Geschlecht der Riesen stammte und lange aus den Kinderschuhen herausgewachsen war, schien es ihm unmöglich, vollkommen allein einen hohen, unüberwindlichen Wall als Bollwerk aufzuhäufen, und, vor allen Dingen, dieses zu bewerkstelligen, ohne daß die beiden anderen Riesen in der Nachbarschaft es gleich bemerkten. Trotzdem ging ihm die Grundidee nicht mehr aus dem Kopf.

Eines frühen Morgens, als er vor seinem Höhleneingang saß und die Sonne an der östlichen Horizontlinie aufgehen sah, kam es ihm in den Sinn, die Ghasij-Riesen, seine grobschlächtigen Vettern, im fernen Sandland aufzusuchen, um sie, ohne groß um den heißen Brei herumzureden, für diese Sache zu gewinnen.

Trotz ihrer Verwandtschaft waren sie sich gemeinhin nicht besonders „grün" – er und die Ghasij-Riesen. Selbstredend standen sie sich in nichts nach, und der Umgang miteinander war wenig behutsam. Überhaupt, ein jeder von ihnen galt als wahres Rauhbein. Obendrein war dem Lindener Riesen bewußt, daß er eigentlich seit unzähligen Winterzeiten mit den Ghasij-Riesen zerstritten war. Darum lag es auf der Hand, daß mit diesen rüden Patronen überhaupt nicht gut Kirschen essen war!

Zwar lief man sich nicht alle naselang über den Weg, denn es lagen Dutzende von Strömen sowie hohe Gebirgszüge zwischen ihnen, aber vor langer Zeit hatte er den Ghasij-Riesen bei einem Treffen ganz deftig eins ausgewischt.

Dazumal hatte er den widerwärtigen Chamsinwind, der sich immer im unmittelbaren Gefolge der Ghasij-Riesen befand und sich hinter deren Rücken ziemlich ungebührlich gegenüber anderen aufführte, in ein abgelegenes, langgezogenes, sich stark verengendes Tal gelockt.

Bald schon scheuerte und wetzte der Chamsinwind sich abseits von ordentlichen Wegen und Stegen fürchterlich an den steilen und schroffen Felsen; und ehe sich der Wind versah, saß er in einer schmalen Bergspalte am Ende des Tals erbärmlich fest. Da half ihm kein Winseln, Zetern und Heulen; der Riese vom Lindener Berg hatte ihn hereingelegt und in diese mißliche Lage gebracht.

Erst viel später nach langem Suchen konnten ihn seine Herren und Meister aus der Zwangslage befreien.

Noch Wochen danach war der Chamsinwind von den Ghasij-Riesen nicht zu gebrauchen und schon gar nicht in der Lage, Feuer anzufachen, geschweige denn mit ordentlichem Geheul als Sandsturm zu fungieren. Die darüber sehr ungehaltenen Ghasij-Riesen waren drauf und dran, einen neuen Windgesellen aus den Weiten der Wüste Gobi zu verdingen.

Nur gut, daß die Ghasij-Riesen ihn, den „Giaur" vom Lindener Berg, damals nicht erwischten, da dieser nach dem derben Streich, den er sich mit ihnen geleistet hatte, bereits über alle Berge verschwunden war und sich zwischenzeitlich in einem der unwegsamen Tälern im Taurusgebirge kräftig mit einem höllisch gefährlichen Drachentier anlegte.

Womöglich, so dachte der Lindener Riese bei sich, haben die Ghasij-Riesen das handfeste Schelmenstück nach solch einer langen Zeit vergessen. Eventuell, so hoffte er, hatten sie obendrein das Kerbholz, auf dem sie die ihnen zugefügten Schandtaten üblicherweise einritzten, verlegt. Und überhaupt, konnte man diesen Streich nicht als übermütigen Scherz abtun?!

Fraglos ging dem Lindener Berg-Riesen diese verzwickte Angelegenheit durch den Kopf, als er sich einige Tage später ein frisches Lindenblatt akkurat an die Brust steckte und sich auf den recht strapaziösen Weg machte, um die Ghasij-Riesen im fernen Osten aufzusuchen.

Mehrere Wochen streifte er durch rauhe und unwegsame Gegenden, in denen er hin und wieder auf Behemoths, Einhörner und andere bärbeißige Elephastiere stieß, die blindwütig und fuchtig aus dem dichten Unterholz brachen und ihm ans Leder wollten.

Gleichermaßen stellten ihn die schier uferlosen Ströme, die er überwinden mußte, vor immer neue Prüfungen. Findig wie er war, entwurzelte er zahllose Bäume von erheblichem Wuchs und bündelte sie zu einem Floß, um so halbwegs trockenen Fußes die im Nebeldunst liegende andere Seite zu erreichen.

Beim Herausreißen eines kräftigen Baumes, den er gänzlich entastet als Staken nutzen wollte, überfiel ihn ein aufgebrachter Schwarm Faltenwespen. Ehe er sich versah, attacktierten sie ihn von allen Seiten. Da half nur eine überstürzte Flucht ins rettende Flußwasser.

Anschließend durchquerte er mit weit ausholenden Schritten die trostlose Einöde von Bithynien.

In der endlosen Weite dieser Sandsteppe, in der die Sonne die Erde erbarmungslos ausdörrte und kleine Sandteufel dorniges Gestrüpp wirbelnd vor sich hertrieben, wollte er schon fast umkehren, hätte er nicht am Horizont die gewaltige, gletscherbedeckte Gebirgskette aus Melaphyr-Gestein erkannt, die das farblose Reich der Ghasij-Riesen umgab.

Schon bald konnte er das Toben der Sandwinde hören, die an der Schwelle zum farblosen Reich der Ghasij-Riesen herumschlawinerten und jeden Fremdling ungebührlich rabiat anfuhren.

Trotz seines ziemlich ausgezehrten Zustands legte der Lindener Riese kurz vor seinem Ziel an Tempo zu, denn er wollte das Reich seiner Vettern unbedingt vor Einbruch der Finsternis erreichen. Allemal rechnete er sich den Ärger aus, den er mit den unnachsichtigen Hütern der Schwelle haben würde. Da sollte es nach Möglichkeit nicht finstere Nacht sein.

Bald schon krochen widerwärtige Dämpfe aus den zahllosen Erdspalten. Die wabernden Schwaden hüllten ihn unversehens ein und hinderten ihn an der nötigen Orientierung und Weitsicht. Dennoch, binnen kurzem stand er vor der nahezu unüberwindlichen Gebirgswand, der Grenzlinie zum Gebiet der Ghasij-Riesen.

Zu seiner Überraschung teilte sich die mächtige Gebirgswand, ohne daß er von irgend jemandem nach dem Woher und Wohin gefragt wurde. Einzig eine Clique ungezügelter Sandwinde wirbelte, einen Steinwurf weit von ihm entfernt, in der Ebene und ließ es heftig stauben.

Sich nochmals umschauend, durchschritt er die Öffnung der steilen Gebirgswand, und nach gut neunundneunzig weit ausholenden Schritten befand er sich beinahe in der Mitte einer grenzenlos erscheinenden Talsenke.

Massenhaft lagen unterschiedlichste Felsblöcke verstreut herum, zwischen denen die stromernden Winde den losen Sand hin und her trieben.

Fernab, schon nahe der endlosen Unwirklichkeit, wo die Märchen geboren wurden, bemerkte er am Rand einer gigantischen Bodenwelle, in der wohl an die Tausend mannshohe Tonfiguren in

Marschformation standen, den titanischen Brennspiegel aus purem Quarzgestein.

Dieses gefährliche Monstrum setzten die Ghasij-Riesen immer dann ein, wenn ihnen von jenseits der eisbedeckten Gebirgsgipfel der Changai-Kette der Herrscher des Chanatreichs mit seinen vielköpfigen Marschkolonnen und Chirotheren ungehörig auf den Pelz rückte.

Traf der energiegebündelte Strahl des Brennspiegels die anrückenden Kolonnen, erstarrten sie unabwendbar zu leblosen Terrakotten.

Während der Lindener Riese sich nun bannig wachsam auf diese Tonfiguren zu bewegte, erinnerte er sich daran, daß seine streitbaren Vettern diese versteinerten Marschkolonnen nicht nur als monumentalen Triumphbeweis nutzten, sondern auch als beeindruckendes Kunstwerk ansahen, das sie von den modellierenden Sandwinden umwehen ließen. Kunstsinnig waren sie, daran gab es keinen Zweifel.

Nachdem er sich diesen Tonfiguren Schritt für Schritt genähert hatte, legte der Lindener Riese seine Hände als Trichter an den Mund und rief mit fast versagender Stimme nach den Ghasij-Riesen.

Aber erst als er mehrfach in verschiedene Richtungen gerufen hatte, vernahm er das dröhnende Gelächter seiner Vettern. Der Riese mußte sich die Ohren zuhalten, denn vielfach schallte das Echo von den Gebirgen zurück. Es war unerträglich.

Kaum war das Gelächter verklungen, da sah er die Ghasij-Riesen, beträchtliche Schatten in den Sand werfend, sich nähern. „Jetzt gilt es", mahnte er sich zur Ruhe und tat, völlig den Teilnahmslosen spielend, so, als sei sein Besuch das Nebensächlichste der Welt.

Schon spürte er die rauhen Rippenstöße seiner Vettern, und um die Sache nicht auf die lange Bank zu schieben – sudjen womöglich auch noch –, fiel er sogleich mit der Tür ins Haus und trug sein Anliegen vor.

Die Ghasij-Riesen schauten sich an, schlugen sich auf die Schenkel und meinten übereinstimmend, daß der Vetter sich mit seinem Hilfegesuch zum Kuckuck begeben möge! Bei ihnen sei er, der ihnen damals so übel mitgespielt habe, an der falschen Adresse; sie seien nicht zu erweichen, mochte er auch noch so jammern! Und hinweg, gefälligst aus den Augen mit ihm! Hinaus aus ihrem Reich mit ihm, dorthin, wo der Pfeffer wächst! Danach brachen sie ungehalten in Hohngelächter aus, das im Nu mehrere Sandwinde herbeilockte.

Kaum daß der Riese sich daraufhin auf seinem Absatz umdrehen und eiligst das Weite suchen konnte, fuhren ihn die Sandwinde ungemein böig an, stieben ihm eine Menge Sand ins Gesicht, rissen ihm obendrein taktlos das Lindenblatt von der Brust und schoben ihn unter den gehässigen Lachsalven der Ghasij-Riesen hinaus aus deren Reich. Bebend schlug die Gebirgswand hinter dem Riesen vom Lindener Berg zu, so daß erhebliches Geröll in die Ebene polterte und er aufpassen mußte, nicht von einem Brocken getroffen zu werden.

So eine Schlappe! Hier war wohl nichts, aber auch gar nichts zu holen ...! Äußerst verärgert und zugleich niedergeschlagen machte er sich auf den langen Heimweg.

Schleppenden Schrittes sann er darüber nach, wie er die leidige Sache mit den zwei Nachbarn zu Ende bringen und wie er es außerdem anstellen konnte, seinen Vettern einen anständigen Denkzettel zu verpassen. Gerade schien ihm eine Idee zu kommen, als die Sandwinde erneut um ihn herumwirbelten und ihn vollständig mit Staubkörnern eindeckten. Hustend und keuchend nahm der Riese schnellstens Reißaus. Mit wahrhaften Riesensprüngen durchmaß er die kahle Steppengegend, bis er endlich wieder an einen der großen Ströme gelangte.

Hier legte er sich abgekämpft an die Uferböschung und schlief im Nu ein. Während er laut schnarchend im Traum längst seine Rache genommen hatte, schwollen die Wasser des Stroms ungemein an und spülten gurgelnd einen gigantischen Findling aus der steilen Böschung.

Als der Riese am anderen Morgen erwachte, bemerkte er den Findling; ein richtiger Kaventsmann! Sofort war er von der höchst seltsamen Form angetan. Wenn er auch sonst nichts erreicht hatte, so wollte er wenigstens diesen Stein mit seinen ungewöhnlich verlaufenden Färbungen sein eigen nennen. Bestimmt würde sich der prachtvolle Findling bestens als unübersehbarer Endpunkt in sein Kunstwerk einfügen, dachte er erfreut bei sich.

Kurzerhand spuckte er sich in die Hände und wuchtete den ovalen Findling ächzend auf seine breiten Schultern. Alsbald watete er mit dem gewichtigen Fund, nachdem er eine Furt gefunden hatte, durch den Strom.

Endlich, nach vielen Wochen daheim am Lindener Berg angekommen, legte er den großen Findling oben auf der Kuppe ab und verkroch sich schleunigst in der tiefsten Tiefe seiner Höhle, um – ermattet von den Strapazen – ausgiebig zu schlafen.

Kaum daß vom Grund der Höhle herauf das alles durchdringende Schnarchen des Riesen erklang, bewegte der Findling sich wie durch Zauberhand; zuerst kaum merklich, aber immerzu im Rhythmus des Schnarchens. Mal rollte er trotz seines gigantischen Gewichts leicht zu der einen Seite, mal zur anderen Seite. Je kräftiger das Schnarchen ertönte, um so mehr geriet der Findling in Bewegung. Und dann, wie konnte es anders sein, passierte es ...

Hin- und herrollend walzte der massige Stein sich eine Bahn und donnerte schließlich mit lautem Getöse – holterdiepolter – den Lindener Berg hinunter. Der Lärm schreckte einige Auerochsen auf und ließ sie blindlings Reißausnehmen. Immer schneller wurde er. Nichts, weder Stock noch Stein, keine Bodenwelle und kein Huckel konnten den tonnenschweren Findling mehr aufhalten. Erst in den flachen Leineauen erlahmte sein Schwung. Dort, wo der „Limmer Bauer" viele Jahrtausende später sein Vieh auf die Schwemmwiesen zwischen den Gemarkungen von Herrenhausen und Limmer treiben sollte, rollte er sachte aus und blieb in einer seichten Mulde nahe dem Flußbogen liegen. Sofort drückte er sich mit seinem enormen Gewicht in den aufgeweichten Untergrund ein.

Tage nachher, am späten Nachmittag, bemerkte der Lindener Riese, noch erheblich von den Strapazen gezeichnet, daß sein beachtlicher Stein einfach verschwunden war.

Wütend über den Verlust, wetterte er gleich gegen seine Nachbarn, denn, so dachte er, nur sie konnten einen solchen Brocken von Stein stehlen. Sackerlott, klinkerdoms auch!

Erzürnt auf dem Lindener Berg hin- und herbaselnd, gewahrte er dann unvermutet die deutliche Rollspur des Steines. Sofort hielt er inne und fragte sich, ob die Riesen aus der Nachbarschaft den Stein einfach nur weggerollt hatten, um ihn zu foppen?

Doch einerlei! Unverzüglich der gewalzten Spur folgend, gelangte er kurz vorm Abendrot in die Fluren zwischen Limmer und Herrenhausen.

Ermattet von der Hast, die er zwischenzeitlich an den Tag gelegt hatte, setzte er sich an die flache Uferböschung und schaute der ruhig dahinfließenden Leine zu.

Die niedrig treibende, lockere Wolkenschicht zusammen mit den letzten Strahlen der untergehenden Sonne ließ die Wasseroberfläche güldenrot wie kostbares Erz schimmern und trieb dem Riesen Tränen in die Augen, so daß er sie für einen Augenblick schließen mußte. Nach einer Weile fuhr er sich mit der Hand über die Stirn und hielt angestrengt Ausschau nach seinem Stein.

Es dauerte auch nicht lange, da entdeckte er ihn einige Schritte weit entfernt.

Als er den außerordentlichen Stein dort im gleißenden Strahl der untergehenden Sonne liegen sah, kam ihm die Idee, genau hier einen markanten Punkt seines angedachten Steinparks zu setzen.

Zwar war die enorme Größe des Steins nicht unbedingt geeignet, aber dem konnte man abhelfen ...

Unverzüglich erhob der Riese sich und spähte in der Gegend umher, um einen brauchbaren Stein zu finden, mit dem er den großen teilen und passend zerkleinern konnte.

Während er hier und dort suchend umherstromerte, erhob sich in der Höhe plötzlich ein stürmisches Gebraus. Ungemein kalte Windböen schoben die Wolken zusammen, so daß sich der Abendhimmel verfinsterte. Bald lastete eine geschlossene Wolkendecke über dem Land. Nicht die kleinste Spur von Sternenfunkel war zu sehen.

Dessen völlig ungeachtet, gab der Riese die Suche nach einem brauchbaren Stein, den er als Faustkeil nutzen konnte, nicht auf. Immer weiter entfernte er sich von seinem Findling, und bald konnte er ihn in der eingetretenen Finsternis schon nicht mehr ausmachen.

Plötzlich stieß er mit seinem Fuß an einen von Moosen und Flechten überzogenen Stein. Gänzlich von Schmerzen übermannt, führte er einen regelrechten Veitstanz auf. Seinen qualvollen Schrei riß der Sturmwind ihm vom Maul. Obendrein verhöhnte ihn aus einem knorrigen Gebüsch heraus ein halbes Dutzend Krähenvögel. Wutschnaubend warf er einen starken Stecken nach den schwarzen Vögeln.

Seinen rasenden Schmerz an der großen Zehe unterdrückend, hob er verbiestert den Stein auf, kratzte das Moos ab und fand, nachdem er ihn prüfend in der Faust gewogen hatte, daß dieser Stein gewichtig genug und einigermaßen passabel für seine Zwecke sei. An einem weiteren Steinbrocken, der unmittelbar in der Nähe lag, versuchte er die Handhabung seines Faustkeils.

Mit Wucht haute er auf den Steinbrocken ein. Unter diesem ungeheuren Schlag zerbarst der Stein in der Mitte. Mit dem Ergebnis war der Riese recht zufrieden ...

Alsdann machte er sich auf und kehrte zu dem übergroßen Findling zurück. Dort angelangt, schien es ihm, als habe sich der Ort auf irgendeine Weise verändert.

Denn inzwischen lag ein merlinscher Zauberbann auf dem Landstrich; es herrschte eine merkwürdig verwunschene Stille. Die ungestümen Winde waren völlig verstummt. Eine eigenartig bleierne Schwärze hatte sich ausgebreitet. Das Flußwasser gluckste verhalten in der Dunkelheit. Und der Schwarm Krähenvögel, der dem Riesen wie ein Schatten gefolgt war, zog in geringer Höhe über ihm lautlos Kreise.

Obwohl der Lindener Riese als ein recht ungehobelter Klotz galt, beeindruckte ihn diese geheimnisvollen Umstände sehr. Die Sache war ihm nicht ganz geheuer, und im Augenblick hätte er sich viel lieber in seiner Höhle tief unter dem Lindener Berg verkrochen. „Höchstwahrscheinlich haftet an dem Findling von dem fernen Flußgestade ein böser Zauber", dachte er bei sich und ließ den Stein Stein sein.

Im hohen Bogen schleuderte er den Faustkeil in den Leinefluß. Sollte ihm der Findling doch gestohlen bleiben!

Schon wollte er sich von diesem Ort fortstehlen, als er mit einem Mal ein sonderbar bläuliches Funkellicht, das im Zickzack mehrfach über den Stein huschte, bemerkte: Elmsfeuer.

Kaum war dieses Irrlicht verloschen, fuhr plötzlich ein gleißender Blitzstrahl mit ohrenbetäubendem Krachen in den Findling und zerteilte ihn funkensprühend.

Aus dem zersplitternden Stein erhob sich im selben Moment ein Chat-huant, ein großer Eulenvogel. Seine mächtigen Schwingen ausbreitend, schraubte er sich in die Lüfte und verschwand in der Dunkelheit des Nachthimmels.

Der Schreck des Riesen war immens. Hals über Kopf verließ er die Fluren der Leineaue, hastete zu seiner Höhle unter dem Lindener Berg, verkroch sich dort und ward hinfort nimmer mehr gesehen ... –

Eine unvorstellbare Zeitspanne später, bei der Streckenführung des Westschnellwegs, als man vom nordöstlichen Hang des Lindener Berges ein großes Stück Kalkfelsen für die Fahrbahnen abtragen mußte, hörte ein Bautrupp, als der Arbeitslärm der Raupenfahrzeuge und Bulldozer kurzzeitig zur Mittagsstunde verstummte, aus einer tiefen Erdspalte auffällige Geräusche, die sehr absonderlich klangen ...

Wie dem auch sei; vielleicht mochte es angehen, daß der Wind sich an der im Kalkstein klaffenden Spalte fing oder loses Gestein, das nachrutschend in die Tiefe stürzte, diese Geräusche verursachte? Seine Zeitung sinkenlassend, merkte der Polier Lindemann scherzend dazu an, daß wohl drunten in Niflheim Kirmes sei ...

Luigi Guareschi und Curzio Apollinaire jedoch, die der Spalte am nächsten saßen, hielten in ihrer Mittagsvesper inne und schlugen vorsichtshalber ein Kreuz. Und als sich zu allem Überfluß in dem Moment aus den Kronen der alten Bäume auf dem Bergfriedhof ein Schwarm Krähenvögel erhob, waren die beiden sich darüber einig, daß tief unten im Berg ein Leviathan hauste. Von nun an mieden sie vorsorglich den Ort. Erst als die Spalte Wochen später mit Beton versiegelt wurde, trauten sie sich wieder in die unmittelbare Nähe.

Hier verstummte der von Meister Supper kunstvoll gestaltete, in Stein gehauene Eulenvogel.

Vom Kerzenlicht erleuchtet, hockte der steinerne Vogel regungslos in der Ecke des Ateliers auf dem aufgeschlagenen Folianten und stierte gorgonenhaft zu uns herüber.

Sommernacht in Linden; vergangene Nacht nahm ich phantasiebeladen den Faden der Ariadne auf – Inhalte, Sinnbilder, Scheinwelten.

Mondbeglänzte Zaubernacht im Sternenstaub, die sich hinter der Stadt auftat. Am Fuß des Berges Parnaß versank die Zeit in den Nachtwolken. Währenddessen flüsterte mir der Kobold Lapideus Absonderliches zum Ohr herein ...

Zweite Episode

Also, neu war sie tatsächlich nicht mehr – diese Sitzgelegenheit, auf der die drei saßen, aber immerhin!

Augenscheinlich wurde sie recht oft von Passanten aufgesucht; jedenfalls an den Tagen, an denen es die Witterung zuließ. Denn hin und wieder war die Stelle gleich bei der Zufahrt zum vorgelagerten Parkplatz des Freizeitheims überaus wetterlaunisch.

Durch die weite Öffnung der nahen Unterführung wehte auch zuweilen ein unangenehmer Westwind in die stadteinwärts führende Limmerstraße.

In den Morgenstunden trug dieser Westwind gelegentlich den höchst aromatischen Duft aus der kleinen Kaffeerösterei herüber, die sich im angrenzenden Zipfel von Limmer in der Liepmannstraße befand.

Die Sitzbank unter der Sommerlinde war kein lauschiges Plätzchen. Zwar hatte der Bankbenutzer in seinem Rücken den leicht ansteigenden und dicht begrünten Damm des Westschnellwegs als Schutz, aber das brachte keinesfalls Abgeschiedenheit an den Ort, an dem eine ganz alltägliche Gewöhnlichkeit haftete. Zumindestens für den, der hier am äußersten Rand von Linden sowieso nichts Aufregendes oder gar Weltbewegendes erwartete.

In Blickrichtung Ihme-Zentrum präsentierte sich dem hier Verweilenden die stark befahrene Limmerstraße als großzügige Einmündung in den Schnellweg und gleichzeitig als Anfang der Bundesstraße 441, die zum niedersächsischen Uchte führte. Die angrenzenden Häuser im Karree sowie der flache Zweckbau des Freizeitheims schlossen das Bild ab.

Im Spätherbst des vergangenen Jahres hatte man auf der Rasenfläche etliche junge Lindenbäume angepflanzt. Das Grün der Laubbäume sollte zwischen Freizeitheim und Limmerstraße auflockernd und zugleich belebend wirken – so war es jedenfalls vom Grünflächenamt gedacht!

Sitzbank und Lindenbaum hatten hier bereits erheblich früher ihren Platz gefunden und zwar ungefähr zu dem Zeitpunkt, als die Trassenführung des Schnellwegs abgeschlossen wurde und das Freizeitheim seiner Vollendung entgegensah. Doch lassen wir das einmal außer acht!

Dem steten Lärm, herrührend vom Verkehrsstrom des Westschnellwegs, zeitweilig angereichert durch die Geräusche der durchfahrenden Straßenbahn, maßen die, die an diesem Ort auf der Bank saßen, gewöhnlich keinerlei Beachtung bei. Diese zufällige Geräuschmischung um sie herum ließ in ihnen lediglich eine unbestimmte Müdigkeit aufkeimen – jedoch keine Müdigkeit, die im geruhsamen Schlaf endete, sondern eher eine, die ein gegenstandsloses Distanzieren vom Alltäglichen ergab.

Seit geraumer Zeit saßen die drei nun schon in der Morgensonne und schwiegen sich ausdauernd an. Sie hatten sich eigentlich auch alles gesagt. Mit der Zeit kannte man die kleinen Schwächen des anderen zur Genüge und war sich gegenseitig in einer nicht ganz eindeutig festzulegenden Art und Weise vertraut.

Ein jeder der drei im Rentenalter befindlichen Männer hing seinen Gedanken nach und ließ ohne jede Hast seine Augen müßig in dem sich darbietenden Bild spazierengehen.

In geringer Entfernung von ihnen klebte ein Plakatierer mit wenigen Handgriffen ein neues Werbeplakat an eine Litfaßsäule. Unverwandt, doch zugleich ohne besonderes Interesse blickten die drei hinüber zu dem mit einem breiten Kleisterquast Hantierenden. Nach und nach entstand auf der gewölbten Fläche der Satz: „Über 95% der Deutschen schauen beim Fernsehen in die Röhre! Auf jeden Fall diejenigen, die noch keinen Kabelanschluß besitzen!"

Von der anderen Straßenseite kommend, durchkreuzte eine Elster im Gleitflug das Blickfeld der schweigenden Männer.

Augenblicke später setzte sich der Vogel, nasal-gedehnte Rufe ausstoßend, nebenan auf den Ast eines Kreuzdorns. Wippend Balance auf dem mit schwarzen Beerenfrüchten über und über beladenen Strauch haltend, schackerte er ohne ersichtlichen Grund aufgebracht los.

Nach einer geraumen Weile räusperte sich einer der Männer und sagte unvermittelt: „Hör mal, du ...! Haben sich ja in letzter Zeit ziemlich rasant vermehrt!" ... „Wen meinste denn?" ... „Nun – die Elstern!" ... „Natürlich! Stehn auch unter Naturschutz!" ... „Je nun. Kannst mal sehn!" ... „Klar! Haben die von den Grünen ja auch den Daumen drauf! Hm ... Stand jedenfalls vor kurzem noch in der Zeitung." ... „Na also – dann weißte ja ziemlich gut Bescheid!"

Alsdann blickten alle drei mit zusammengekniffenen Augen hinüber zu dem Vogel auf dem Ast des Kreuzdorns.

Bald jedoch das Interesse an der Elster verlierend, warf der eine der Männer seine leergetrunkene Bierdose im hohen Bogen in den für Abfälle bestimmten Drahtkorb. Anschließend stupste er seinen rechten Nachbarn an und fragte: „Hör mal, du! Willste mal 'n ‚Hansa'-Bier probieren?" – wußte er doch genau, daß er ihn mit dem Angebot eines „Hansa"-Biers aus der Dose auf die Palme bringen konnte. Diese aufreizende Frage stellte er immer mal wieder. Das Uzen mochte er sich nicht verkneifen.

Während er still in sich hineingriente, wartete er darauf, daß der so Angesprochene auf seine Frage anspringen würde. Zwischenzeitlich riß er in aller Scheinheiligkeit mit einer zigfach erprobten Handbewegung eine neue Dose „Hansa"-Bier auf, die er zu seinen Füßen unter der Bank in einer Plastiktüte gelagert hatte.

... Sieben! Gerade war er im Begriff, einen ordentlichen Schluck aus der Bierdose zu nehmen, als der andere reagierte. Na also! Wer sagt es denn? Es klappte doch jedesmal wieder.

„Sag mal, was bist du nur für einer? Du kennst mich doch ziemlich gut und weißt, daß ich nichts, aber auch gar nichts von dem da, diesem Bier zu fünfundvierzig Pfennigen aus dem Supermarkt halte. Dosenbier, also weißt du! Aber du kannst mich nicht damit aufziehen! Bier aus der Dose – Mann, das ist ziemlich ... nun ja, wie soll ich sagen ... ordinär! Grundsätzlich hat Bier nämlich was mit Kultur zu tun! Hier, schau her ...!" – und damit hob er, gewissermaßen zur Unterstützung seiner Behauptung, eine markant bauchige, grüne Pfandflasche gegen das Sonnenlicht.

Diese dann sinken lassend, fuhr er fort: „Hierbei weiß man, was man in der Flasche hat!" Alsdann setzte er die Bierflasche bedächtig an die Lippen und nahm genußvoll einen Schluck vom „Einpöckischen" Gerstensaft.

Unterdessen schaute der andere ihn, völliges Erstaunen mimend, an und meinte, daß Bier aus grünen Flaschen generell nicht schmecke. „Bier aus grünen Flaschen ... Nee, geh mir doch ab damit! Kann überhaupt nicht schmecken! Weiß jeder!" Und außerdem müsse der „Einbecker-Bier-Trinkende" mit seiner Leinentasche ständig zum Kiosk drüben an der Ecke beim Chinamann laufen, um die leergetrunkenen Flaschen zu entsorgen. Einfach lästig! Wahrscheinlich täte er das einzig wegen der paar Kröten Flaschenpfand, oder etwa nicht? Er galt doch sowieso als Pfennigfuchser! „Nee ... Für mich enden alle Büchsen im Abfallkorb! So kann ich ganz nebenbei auch noch feststellen, wie oft die Heinis von der Stadtverwaltung hier in Linden den lausigen Abfallkorb leeren lassen ... Weißte Bescheid!"

Unter Drehen und Wenden des Kronkorkenverschlusses gab ihm

sein Banknachbar, wider Erwarten keine Spur von aufbrausendem Eifer zeigend, als Antwort, daß in seinem handgebrauten Bier die gesamte braumeisterliche Tradition mit Sach- und Fachverstand vereinigt sei. Jawohl! Durch und durch handwerkliches Können, und darüber hinaus absolut sauberes Brauwasser! Quellfrisches Wasser aus einer behüteten Natur! Abgefüllt in Pfandflaschen! „Das macht eben gutes Bier aus! Merk dir das mal!"

Der andere betrachtete unterdessen aufmerksam das Etikett seiner Bierdose, blickte dann der vorbeifahrenden Straßenbahn versonnen hinterher, sah einen Augenblick dem Plakatierer beim Zusammenklappen der Leiter zu und sagte dann kurz angebunden und völlig übergangslos: „Also! Du warst ja auch Eisenbahner ...!" Lauerndes Schweigen.

„Eisenbahner ...? Nun, mein Gott auch ...! Sag mal, was hat das denn nun wieder mit diesem vorzüglichen Bier aus Pfandflaschen zu tun? Außerdem komm mir bitte nicht so! Eisenbahner – ständig reitest du da drauf 'rum! Aber du wirst dich wundern, denn ich bin nicht nur Eisenbahner – des weiteren und überhaupt bin ich gebürtiger Einbecker, jawohl!" gab ihm sein Nachbar, jetzt doch etwas streitbar geworden, zurück.

„Haha! Schau einer an: Eisenbahner und des weiteren Einbecker – Sackerlott auch!" hielt der andere prompt dagegen. „Und was nun ...?"

Jäh brauste der so Angesprochene in äußerst grimmigem Tonfall auf: „Jawohl! Eisenbahner und Einbecker! Das hat nämlich was! Beides zusammen ist für mich ausschlaggebend! Das hat Niveau! Da kannst du aber Gift drauf nehmen! Das kannst du mir ruhig glauben! Du hast doch keinen blassen Schimmer davon! Du dameliger Lindener Butjer! Außerdem kannst du mich überhaupt nicht ärgern damit!"

Unmittelbar danach versiegte der Wortfluß der beiden. Verbissen und stumm vor sich hin brütend, blickten sie eine ganze Weile zu der frisch plakatierten Litfaßsäule hinüber.

Vornübergebeugt, auf seine Schuhspitzen schauend, hüstelte indes unvermittelt der dritte auf der Bank Sitzende, der bis jetzt geschwiegen hatte. Indem er dann seinen Sommerhut vom Kopf nahm und in der Hand hin und her drehte, sprach er nachdenklich in das vom Verkehrslärm umrahmte Schweigen hinein: „Hört mal, mir ist aufgefallen, daß es hier in Linden immer weniger Sperlinge gibt – in der letzten Zeit jedenfalls. Ich meine, ich habe hier kaum mehr welche gesehen ..." Unsicher verstummte er.

Nach einer Weile den Blick von seinen Schuhspitzen nehmend, spähte er forschend in die Runde.

Als müßte sich diese Aussage erst in den Köpfen der übrigen zwei setzen, dauerte es eine ganze Zeit, bis sie reagierten. „Spatzen ...? Hmm, ... haben denn da die Grünen auch den Daumen drauf?"

Schweigen.

„Ach nee ...! Du meinst, daß die Grünen ...?" Erwartungsvolles Schweigen.

„Sag mal, wie kommste denn darauf?"

Erneutes Schweigen.

„Also weißte ...! Alles dummes Zeug!" platzte der mit der Bierdose heraus. „Mein lieber Scholli; weniger Spatzen in Linden. Also weißte?! Ist doch alles völlig aus der Luft gegriffen! Außerdem, haste keine anderen Sorgen? Also weißte – nee!" Unwillig schüttelte er seinen Kopf und hustete erregt.

Anscheinend machte sich sodann jeder von den dreien Gedanken über das angebliche Ausbleiben der Sperlinge in Linden.

Dann, nach einer Weile, sagte der mit dem „Hansa"-Bier „Also weißte! Weniger Sperlinge! Hat man so was schon gehört? Blanker Unfug! Und überhaupt ..., die Grünen; weißte!", und dabei schmiß er die inzwischen geleerte Bierdose in den Abfallkorb. „Weniger Sperlinge in Linden ... Hör mir bloß auf mit denen! Liegt doch alles nur an dieser globalen Umwelt und dem ganzen anderen Zeug!"

Nochmals sah er zu der Elster hinüber und erhob sich zugleich von der Bank: „Nee ...! Haste denn Töne! Weniger Sperlinge in Linden! Hört bloß auf davon. Ist doch das Letzte!"

Während er die fast leere Plastiktüte vom Penny-Markt unter der Bank hervorangelte, sagte er zu den beiden anderen: „Kommt, Leute, laßt uns mal zu Schorse rübergehn und dort ein anständiges Glas Bier trinken. Er hat gerade seine Stühle vor die Tür in die Sonne gestellt ..."

Mutmaßliches über Linden

Dritte Episode

Fraglos wohnte er irgendwo hier in Linden. Wo genau, wußte ich nicht. Streng genommen kannte ich ihn auch nicht, schon gar nicht mit exaktem Namen. Allein – sein Gesicht war mir geläufig.

Dann und wann hatte ich ihn in einer der Seitenstraßen, auf einem Platz, in den verstreuten Grünanlagen des Stadtteils, am Küchengarten, am Leineufer, verschiedentlich auch nach sportlichen Veranstaltungen mit seinem alten Fahrrad aus Neckarsulm gesehen.

Stets war mir aufgefallen, daß er dieses ehedem schwarz lackierte Fahrrad grundsätzlich schob. Ich hatte ihn noch nie damit umherfahren, geschweige denn als Radfahrer am allgemeinen Straßenverkehr teilnehmen gesehen.

Schiebend nutzte er das altgediente Vehikel ganz einfach als Lastesel. Jedesmal, wenn er mir begegnete, war sein Fahrrad vom Lenker bis zum Gepäckträger mit prallgefüllten Aldi-, Penny- und Tengelmanntüten behangen. Zwischen Sattel und Lenkstange blieb kein noch so winziger Platz ungenutzt – ein verkehrssicheres Radeln wäre also ohnehin unmöglich gewesen.

Mehrmals hatte ich mich schon gefragt, was der alte Mann wohl sammelte; und sammeln, das tat er ohne jeden Zweifel.

Nicht, daß er zu den Fällen zu zählen war, die heruntergekommen als Eckensteher herumlungerten und irgendwie unangenehm auffielen oder gar bettelten. Ganz im Gegenteil – er war immer korrekt, ja beinahe pedantisch gekleidet.

Alle Tage trug er eine mit Sorgfalt gebügelte, dunkle Hose, ein zwar völlig aus der Mode gekommenes, aber tadelloses Hemd und ein, soweit ersichtlich, gepflegtes Jackett. Um den steifen Hemdkragen hatte er sich allzeit einen soliden Selbstbinder gelegt.

Lediglich seine Schuhe, halbhohe Schnürstiefeletten, verrieten allzusehr ihr Alter, denn trotz offenbar regelmäßigen Putzens zeigten sie ein auffällig sprödes Oberleder.

Er trug stets Hosenklammern. Wie mir schien, völlig sinnlos, denn diese sollten doch beim Radfahren den Hosenschlag vor der öligen Kette schützen – aber offenkundig nutzte er sein Fahrrad ja nie in der üblichen, verkehrstechnischen Weise ...

Das letzte Mal sah ich ihn vor einigen Wochen, drüben am Zusammenfluß von Leine und Ihme am Weddigenufer in unmittelbarer Nähe der Justus-Garten-Brücke.

An den Tagen vorher hatte hier das alljährliche Fährmannsfest mit viel Rockmusik und noch mehr Bier stattgefunden. Diverse Plakate im Stadtteil zeugten noch von den Auftritten der „Göcmenler Band", „Daddy Long Legs", „Boogeyman" und des „Hakan Türközü Trios"; – umsonst und draußen – ... ran ans Ufer und los geht's!

Ich befaßte mich mit der Idee, den Lindener Alltag in einer Fotodokumentation zu bannen. An jenem Tag wollte ich die Szenerie nach dem Fährmannsfest in schwarzweißen Bildern festhalten.

Es war noch sehr früh an diesem Tag, als ich die Örtlichkeit durch das Objektiv in Augenschein nahm. Das Gelände zeigte deutlich die Spuren des Fährmannfestes. Genau diese Situation beabsichtigte ich fotografisch einzufangen.

Es war die Stunde der Elstern, Raben und Spatzen. Die Gefiederten durchkämmten das Terrain; wahrscheinlich fanden sie in den Büschen am Ufersaum und entlang der niedrigen Betonmauer manchen Happen. In übervollen Papierkörben taten sich unzählige Fliegen und Wespen gütlich. Augenscheinlich war durch die Hinterlassenschaften des Fährmannsfestes für alle der Tisch reichlich gedeckt.

Drüben, einen Steinwurf von hier am gegenüberliegenden Ufer, lag bereits seit einigen Tagen der Ausflugsdampfer „Bella Vista" in erheblicher Schräglage auf dem flachen Grund der Ihme. Alle Bemühungen, ihn aus den Fluten der Ihme zu heben, waren wohl bislang fehlgeschlagen ... Gleich nahm ich mir meine Kamera und schoß ein paar Bilder.

Von „Uhlhorn" schlug es sieben Uhr. Vom weitläufigen Gelände des Straßenbahn-Betriebshofes Glocksee hörte man das durchdringende Quietschen eines einsamen Straßenbahnzuges, der dort ausdauernd rangierte. Das unvermittelt losratternde Geräusch eines arbeitenden Preßlufthammers vermischte sich, von der Stadt herüberschallend, mit dem auf- und abebbenden Signal eines Martinshorns. Aus Richtung Moritzwinkel und Bremer Damm wehte andauernder Verkehrslärm herüber. Und drüben, hoch oben am Schornstein des Heizkesselhauses der Bettfedernfabrik, hing schlaff die schwarze Fahne herunter, die in der Walpurgisnacht als Husarenstück auf der höchsten Höhe des Schornsteins gehißt worden war.

Um diese Morgenstunde herum wirkte der Ufersaum der Leine ansonsten sommerlich „jungfräulich", aber hier an der Stelle des Fährmannsfestes herrschte jetzt eindeutig Katerstimmung.

Das überschaubare Terrain zwischen den beiden Flußarmen sowie die nähere Umgebung machten einen beträchtlich abgenutzten und zugleich gänzlich übernächtigten Eindruck. Die feuchtwarme Luft unter den dichtbelaubten Bäumen war erheblich angereichert mit Bierdunst. Verstreut auf der Erde im niedergetretenen Gras lagen überall unzählige Kronkorken herum. Doch das alles störte mich wenig. Eben diese momentane Stimmung machte für mich das Fotografieren besonders reizvoll.

Nach den ersten drei, vier Ablichtungen setzte ich mich auf eine der zahlreichen Sitzbänke unter dem Blätterdach der Platanen und genoß für einige Minuten auf beobachtende Weise diese morgendliche Situation, die mich an Cortazars „Blow-up" erinnerte.

Dann sah ich ihn. Sein Fahrrad an der Hand führend, kam er von der geschwungenen Justus-Garten-Brücke heran. Alsbald bewegte er sich, ohne einen Umweg zu machen, direkt auf das Rondell zwischen den beiden Wasserläufen zu.

Der laue Morgenwind ließ die Plastiktüten, die rechts und links am Lenker hingen, wie bunte Wimpel hin- und herwehen. Allem Anschein nach waren sie noch leer.

Im Sucher meines Objektivs schob der Mann sich mit seinem Fahrrad vor die Silhouette des Heizkraftwerkes. Nach wenigen Metern lehnte er sein Fahrrad an einen der Bäume und schaute prüfend in die Umgebung.

Momentaufnahme: Mit dem Objektiv zoomte ich mich in die Situation und machte einige Schnappschüsse ...

Die drei lang aufragenden Schlote des Heizkraftwerkes am Küchengarten gaben der nun innehaltenden Gestalt einen besonderen Akzent. Wie eingefroren stand er dort drüben. Nur sein Kopf bewegte sich hin und wieder ruckartig.

Er blickte über die tieferliegende Grasfläche, verweilte mit seinen Blicken für wenige Augenblicke auf dem ummauerten Rondell der Halbinsel, ergriff sodann sein Fahrrad und schob es, sich mir langsam nähernd, einen Baum weiter. Dort lehnte er es wiederum an den Stamm.

Unmittelbar danach bewegte er sich von seinem Vehikel fort, bückte sich nach wenigen Schritten, ging zurück und steckte irgendwelche Dinge in die Plastiktüten.

Dieser Vorgang wiederholte sich mehrmals. Immer wieder kehrte er zum Fahrrad zurück und barg das Aufgesammelte in den Plastiktüten rechts und links des Lenkers.

Mir schien, daß er das Gelände systematisch durchstreifte. Sein Tun ähnelte dem der Rabenvögel und Spatzen, die das Terrain vorhin abgesucht hatten.

Durch das Objektiv blickend, verfolgte ich das Geschehen und machte in schneller Folge mehrere Momentaufnahmen.

Richard Maria Butnarch hieß er; so stand es zumindest in der Ausgabe der Hannoverschen Allgemeinen Zeitung, die ich an einem Nachmittag, mehrere Wochen später, im Bistro bei Francesco in den Händen hielt. Eigentlich wollte ich in der liegengelassenen Tageszeitung den Kulturteil überfliegen, doch dann vertiefte ich mich, durch ein Foto aufmerksam geworden, zunehmend in einen kleinen Artikel auf der Stadtteilseite ...

Hierin teilte die Landsmannschaft der Ostpreußen folgendes mit: Richard Maria Butnarch, ehemaliger Juniorchef des vordem bekannten und wohlsortierten Königsberger Kaufhauses am Steindamm, war am vorletzten Mittwoch in der Parterrewohnung seines eigenen Mietshauses in Linden verstorben.

Weil er keine näheren Angehörigen besaß, war sein Tod erst fünf Tage später durch eine Mieterin, die im selben Haus wohnte, bemerkt worden.

Nach anhaltendem Klopfen und mehrmaligem vergeblichem Rufen an der Wohnungstür hatte sie die Polizei gerufen, die die verschlossene Tür durch einen Schüsseldienst öffnen ließ.

Der anschließend hinzugezogene Arzt stellte den Tod des Richard Maria Butnarch fest und datierte seinen wahrscheinlichen Eintritt auf den Mittwochabend.

Wie die Polizei der Presse weiterhin mitteilte, war Richard Maria Butnarch, in seinem Lehnstuhl vor dem Küchentisch sitzend, offenbar eines natürlichen Todes gestorben.

Auf dem mit einem Wachstuch bespannten Küchentisch hatte eine aufgeschlagene, viele Seiten umfassende Kladde gelegen, in der mit höchster Sorgfalt lange Reihen von Zahlen aufgeführt waren. Penibel waren die mit einem Kopierstift eingetragenen Zahlenreihen auf jeder Seite addiert und die jeweilige Summe akkurat mit einem Doppelstrich buchhalterisch markiert worden.

Bei der nachfolgenden Untersuchung fanden die Polizeibeamten in drei Kellerräumen des Mietshauses ein überaus umfangreiches Lager: In unzähligen Kisten und Kästen lagen Pfandflaschen jeglicher Art. Eng an eng bis zur Kellerdecke gestapelt war wahrscheinlich über Jahre hinweg ein immenses Leergut zusammengetragen und gehortet worden; dazwischen war kaum ein Gang vorhanden.

Zu ihrem höchsten Erstaunen entdeckten die untersuchenden Beamten inmitten des Leergutbestands sogar noch etliche hölzerne Biertransportkästen der ehemaligen Lindener Brauerei, restlos angefüllt mit leeren Flaschen, die den früher üblichen Bügelverschluß besaßen ...

Nach seiner Flucht aus Ostpreußen hatte Richard Maria Butnarch nahezu fünfzig Jahre im Stadtteil Linden gewohnt. Seit längerem war er Teilhaber an drei Großtankstellen im Raum Braunschweig und Soltau gewesen.

Mutmaßliches über Linden

Vierte Episode

Es muß um die Abendstunde eines bereits herbstlich angehauchten Augustabends gewesen sein, in der die Tagesschau den flüchtigen Tag porträtierte und manch einer in seiner beschaulichen Couchecke diese aufbereiteten Neuigkeiten aus aller Welt am Bildschirm verfolgte.

Die untergehende Sonne ließ die Häuserzeile auf der östlichen Straßenseite des „Lindener Schmuckplatzes" in einem eigentümlichen Licht erscheinen, das von Altrosa in ein magisch anmutendes Violett überging.

Zugleich schob sich im Osten ein schmaler Streifen schwarzgrau getönter Regenwolken über dem aufragenden Ihme-Zentrum zusammen und blockierte einer Staumauer gleich die flachen Strahlen des letzten Tageslichts, das eigentümliche Schatten in die Straßen zwischen den Häuserreihen des Stadtviertels warf.

Nicht, daß er, der auf einem der beiden Steinfischen saß, verzückt diesen Zauber der beginnenden Nacht wahrnahm – nein, keinesfalls!

Er war nur ein wenig müde von der Sonderschicht am Montageband für VW-Transporter, und um die Zeit totzuschlagen, ließ er sich für eine kurze Dauer auf dem dickeren der zwei Steinfische nieder.

In dem Glauben, dadurch seine Müdigkeit zu verlieren und halbwegs fit in die Lindener Nacht starten zu können, hatte er sich zuvor im „Debakel" und im „Übü", ohne, daß er jemanden aus seinem Bekanntenkreis getroffen hatte, mehrere mächtige Gläser Cola-Bourbon einverleibt.

Eine vorübergehende Unentschiedenheit, hatte ihn hinterher den Kötnerholzweg entlanggehen lassen. Bevor es „in die Nacht ging", wollte er sich aus einer Laune des Augenblicks heraus im „Meeting" ein, zwei Kölsch genehmigen. Für einen von Günther gemixten „Sex on beach" war es sicherlich noch zu früh. Aber vielleicht könnte er eine Currywurst mit Pommes essen. Die war bei Günther absolut spitze!

Höchstwahrscheinlich würde er an der Theke im „Meeting" auf Manni und „Keule" Bruno treffen. Manni war Gerüstbauer aus

Deutz, befand sich immerzu in „Loser-Stimmung" und liebte die „Bläck Fööss" und den „Letzten Cowboy aus Gütersloh". Außerdem redete er andauernd von seiner existentiellen Freiheit ... Und „Keule" Bruno war der, der ständig von der Funkkantine bei Radio Luxemburg schwärmte. Ferner war er immerfort auf der Suche nach der „ursprünglichen Hemmungslosigkeit". Keine schlechten Kerle, die zwei, und überdies sehr spendabel!

Über den weiteren Verlauf des angebrochenen Abends war er sich gegenwärtig noch im Unklaren. Irgendwie schwebte ihm für das beginnende Wochenende etwas „Rock'n Roll-haftes" vor: „Let us have a look at the colours tonight! Ready Teddy – all shook up!"

Sich umschauend, schnippte er den Rest seiner Zigarette lässig in den Rinnstein. „Verdammtes Linden!", dachte er bei sich und stellte seinen Blousonkragen hoch.

Er ging davon aus, daß er später Ingmar, seinen alten Kumpel, treffen würde ... Voraussichtlich in der stillen Mocambo-Bar, bei Bernie im Hinterhof.

Sicherlich tändelten dort an der Bar auch Hannes und Paule, Winnie, Kai und Martina, Uschi, Matthias und Linda herum. Ohne Zweifel trudelten zur späteren Stunde Kerstin und Aykal noch ein. Ebenso würde „Osborne-Uwe", der letzte Woche Geburtstag hatte, sich dazugesellen. Die gesamte Clique würde also wieder anwesend sein. Mal sehn, was sich dann so tat!

Spielerisch nahm er seinen verchromten Nagelclipper am Kettchen aus der Hosentasche und hantierte damit herum. Nicht, daß er seine Fingernägel schneiden wollte. Nein, nur mal so aus reiner Langeweile.

Dann angelte er sich, James Dean als Vorbild nacheifernd, eine Zigarettenschachtel aus seiner inneren Blousontasche. Zigfach auf der Leinwand im „Apollo" gesehen, steckte er sich, getreu der Vorlage, mit einem Benzinfeuerzeug die Chesterfield-Zigarette an.

Während die Zigarette kurzzeitig aufglimmte, stieg ihm der Rauch, völlig unbeabsichtigt, mächtig in die Augen. Doch er zuckte nicht mit der Wimper. So hatte er es bei „Jet" im Streifen „Giganten" gesehen.

Den beißenden Rauch in den Augen überspielend, starrte er für einen Moment vor sich hin, bevor er den von mehreren Straßen eingefaßten „Schmuckplatz" und die im weiten Dreieck angeordneten Häuserreihen musterte. Nicht mit besonderem Interesse, sondern nur aus Langeweile.

Das spannungsgeladene, monotone Arbeitsbrummen der Transformatorenstation, die inmitten des Platzes platziert war, füllte den

Ort mit unterschwelliger Betriebsbereitschaft. Das nachempfundene Küstenleuchtfeuer im Schaufenster von Hampes Fischgeschäft sandte seinen blinkenden Lichtschein über das Steinpflaster.

Der Ventilator der Schmuckplatzkneipe in seinem Rücken machte rappelnde Geräusche. Nachdem er die Ursache des aufdringlichen Geklappers oberflächlich erforscht hatte, wandte er sich ab und schaute minutenlang hinüber zu der erleuchteten Fensterfront des Buchbinderladens – Reparaturen von Büchern, Gestalten mit Papier, in dem allem Anschein nach noch zu dieser Stunde gearbeitet wurde.

Seine Augen wanderten weiter zu der mit einer Fülle von „Zewa"-Papierrollen ausgestatteten Auslage des winzigen Feinkost- und Lebensmittelladens an der Ecke zur Velberstraße.

Vier blasse Leuchtstofflampen beleuchteten dieses „Wisch-und-weg-Angebot", das seitlich begrenzt wurde von zwei sich an Nylonfäden drehenden Reklameschildern mit der Aufschrift: „Randvoll mit Saft und Süße".

Die Tür vom „Izarro" stand sperrangelweit auf, und aus dem Gastraum drang wie verweht „Lost In Meditation – The Second Gregorian Ballads" herüber. Schräg gegenüber, an der Straßenecke auf der anderen Seite des Platzes, flackerte im Phono- und Rundfunk-Lädchen bereits die blasse Neonschrift „Nordmende – Gute Unterhaltung" hinter den Scheiben auf ...

In der Achse der langgestreckten Straßenflucht zur Fössestraße hin konnte er noch ohne Mühe den in der Nähe aufragenden schlanken Betonschornstein der Lindener Gilde-Brauerei ausmachen.

Schließlich blieb sein Blick an den mit Veranstaltungsplakaten vollgeklebten Wänden der Transformatorenstation hängen.

Die Plakate kündigten verschiedenes an: „Job, Geld, Leben – Deutschlands neustes Wirtschaftsmagazin für fünf Mark ab August am Kiosk"; „Cultured Pearls – Fury in the Slaughterhouse"; „Riverdance – the show"; „Simply Red"; „The Rocky Horror Picture Show – It was great when it all began ..."; „The Jordanaires – Elvis in Memory" ...

Bevor er sich, teils zum Zeitvertreib, teils aus aufkeimendem Interesse an die Aufgabe machte, diese sich vielfach überlappenden Plakatierungen zu studieren, kreuzte ein kleines Mädchen mit einem an der Leine geführten Hund seine Blickrichtung.

An der Längsseite der Transformatorenstation, ihm genau gegenüber, blieb der Hund plötzlich störrisch stehen und setzte, bevor die Göre ihn schimpfend von dort wegzerren konnte, einen beträchtlichen Kothaufen auf das Pflaster – direkt unter dem Plakat des schlangenlederbeschuhten und in voller Lebensgröße abgebildeten „King of Rock 'n' Rolls".

Das großformatige Plakat kündigte den Auftritt der legendären Musiker an: „The Jordanaires – Elvis in Memory – In remembrance of the 16th August – The absolut date of Rock 'n' Roll".

Selbstredend hatte er vor kurzem mit seinem Kumpel Ingmar diesem fabelhaften Konzert im „Capitol" in schnieker Rock 'n' Roller-Kluft beigewohnt. Das mußte sein!

Unbestritten, er hatte ein enormes Faible, einen ausgewachsenen Spleen für Elvis: Hound Dog ... – Paralysed ... – I'm Gonna Sit Right Down And Cry Over You – woouh!

Unumstößlich – das Konzert im „Capitol" war eine wirklich fette Sache gewesen! Das ging richtig ab! Abgesehen davon, war es Ingmars ganz persönlicher Abschied vom Junggesellendasein ...

Immer noch schaute er hinüber zu dem Elvis-Plakat, zu dem Hund und dem Mädchen.

Die Szene verfolgend, schüttelte er mit zunehmender Verdrossenheit seinen Kopf – ob nun über den ungehorsamen Hund und seinen Hinterlassenschaften oder über das Zerren des kleinen Mädchens an der Leine, sei dahingestellt.

Und während er Hund und Mädchen beobachtete, öffnete sich irgendwo in einem der umstehenden Häuser ein Fenster und eine gereizte Stimme rief über den abendlichen Platz: „Nun mach doch schon, Anita! Was dauert das denn so lange mit dir?! Kannst du dich nicht ein bißchen beeilen?"

Irritiert schaute er sich suchend nach der Stimme um. Doch er konnte drüben in der Häuserfront nur noch ein helles Aufblitzen wahrnehmen – das Reflektieren von Sonnenlicht in einer sich schließenden Fensterscheibe.

Diese kurze, aber außerordentlich grelle Lichtfülle der Sonnenstrahlen stach ihn mit ungeheuerlicher Heftigkeit in die Augen, so daß er sie für einige Sekunden schließen mußte.

Als er die Augen wieder öffnete, sah er, wie sich – von der Kreuzung Fössestraße kommend – ein Fahrzeug in ungewöhnlich langsamer Fahrt auf dem Kötnerholzweg näherte.

Als das Auto sich auf der Höhe der Straßeneinmündung am anderen Ende des „Schmuckplatzes" befand, erkannte er trotz der noch bestehenden Entfernung schon die Automarke.

„Das kann doch nicht wahr sein ...", murmelte er verwundert vor sich hin. Die Zigarette umständlich austretend, schenkte er dem herannahenden Auto nunmehr seine volle Aufmerksamkeit.

Immerhin handelte es sich nicht um eins der üblichen, ganz und gar gesichtslosen, austauschbaren Autos dieser Zeit, sondern untrüglich um eine Borgward-Isabella-Limousine der späten fünfziger Jahre!

Überrascht wischte er sich über die Augen, die nach dem Zigarettenrauch und der starken Blendung immer noch ein wenig tränten. Dennoch, das herannahende Auto mit den bereits angeschalteten Scheinwerfern war zweifellos eines der längst untergegangenen Marke aus Bremen.

Momente später konnte er im Detail die elegante Linienführung, den verchromten Zierrat, den Wackeldackel auf der Ablage vor der Heckscheibe sowie den Fuchsschwanz an der Autoantenne in Augenschein nehmen. Die Limousine befand sich in einem enorm gepflegten Zustand – fast hätte man meinen können, sie sei gerade zur Minute vom Band gerollt.

Der tiefblaue Lack, der blitzende Chrom, der typische Kühlergrill und die Weißwandreifen gaben ihr das Flair der fünfziger Jahre. Ein wahrhaftes Schmuckstück von einem Auto – ohne jeden Zweifel!

Gern hätte er solch einen Wagen besessen. Oder, noch besser, einen todschicken Amischlitten ... My Baby drew up in a brand new – Cadillac ... Woouh!

Wie gebannt starrte er dem herannahenden Automobil entgegen, das nun sanft nach rechts auf den Randstreifen des Platzes einbog und wenige Schritte vor ihm auf dem gepflasterten Platz – direkt in der Feuerwehrzufahrt – mit laufendem Motor geparkt wurde.

Schon wollte er den Fahrzeuglenker auf das absolute Parkverbot aufmerksam machen, als sich der Wagenschlag öffnete, gleichzeitig die Musik des einzigen „King of Rock 'n' Roll" hörbar wurde und – dieser selbst dem Automobil entstieg. Wow!

Mit einem unzerbrechlichen Nylonkamm fuhr sich die Elvis-Gestalt durch die Schmachtlocken, ordnete seinen Hemdkragen und sein Sakko, zog die Hose in der Taille etwas höher und schob die dunkelgetönte Brille zurecht. Bevor Elvis Anstalten machte, das Automobil zu umrunden, schaute er orientierend um sich.

Dem Beobachter stockte unterdessen der Atem. Aufgeregt biß er sich auf die Unterlippe, und mit fahriger Bewegung angelte er sich eine weitere Zigarette aus der Chesterfieldpackung. Sein Gefühl schwankte hin und her zwischen dem schier Unmöglichen und dem, was er sah.

Fasziniert beobachtete er durch den aufsteigenden Zigarettenrauch sein Idol aus vergangenen Tagen. Schlangenleder-Stiefeletten, weiße Nietenhose mit wüstem Schlag, weites Sakko mit aufgesetzten Taschen, Rüschenhemd mit ausuferndem Kragen, Goldkettchen um Hals und Handgelenk, dunkelgetönte Brille sowie gestylte Haartolle – er war hingerisssen!

Entschieden – es war der Star aus Memphis; es war eindeutig Elvis Presley – „The King of Rock' n' Roll". Sein absoluter Favorit in der amerikanischen Popkultur. Wow! Einsame Klasse!

Zuerst hatte es den Anschein, als ob Elvis die in der Nähe stehende Telefonzelle aufsuchen wollte. Doch dann hielt er abrupt in seinen Bewegungen inne und blickte zu der Transformatorenstation hinüber.

Ihm, der dieses von dem steinernen Fisch, auf dem er saß, aus beobachten konnte, schien es, daß der „King of Rock 'n' Roll" von einem Moment auf den anderen sein Ebenbild auf dem großen Ankündigungsplakat der „Jordanaires" entdeckt hatte und dieses sehr kritisch prüfend in Augenschein nahm ...

Alsdann ging die Rock 'n' Roll-Legende schnurstracks auf das angekleisterte Plakat zu. Plötzlich jedoch schien es, als sei er aus irgendeinem Grund auf dem Pflaster ausgeglitten. Seine Schritte zeigten unversehens ausgefallen skurrile Bewegungen. Mit den Schuhsohlen schabte er in einer äußerst ungewohnten und seltsamen Choreographie über das Pflaster; Es folgten Zuckungen, die alle Welt aus seinen Shows, in denen er den Rock 'n' Roll zelebrierte, hinlänglich kannte.

Las Vegas – Wow! Im grellen Scheinwerferlicht wurden auf der riesigen Show-Bühne Elvis, Mikrofon, Stativ und Rock 'n' Roll eins, und der gefühlsbetonte Hüftschwung brachte die Botschaft dreidimensional ins Publikum; Return To Sender ...

Aber in diesem Augenblick schien es doch eher unwahrscheinlich, daß der „King" eine handfeste Rock 'n' Roll-Show aufs Pflaster legte – zumindest nicht hier und jetzt im faden Dämmerlicht des dahinscheidenden Tages.

Auch wenn die Musik, die aus der offenstehenden Tür des Automobils klang, genau diesen sagenhaften Rock 'n' Roll-Drive besaß. Allerdings erreichte die heiße Musik den „King" vermutlich nicht mehr mit der nötigen Lautstärke, und somit konnte sie ihn unmöglich zu diesen lasziven Verrenkungen animieren. Der Umstand mußte eine andere Ursache haben!

Drüben vor der Wand der Transformatorenstation tat sich nun folgendes: „The King of Rock 'n' Roll" Elvis Presley hob, unmittelbar vor seinem Posterabbild stehend, anscheinend äußerst verärgert die Hacken seiner Stiefel hoch. Dabei stützte er sich mit der flachen Hand an dem angeklebten Abbild seiner selbst ab. Rücklings über die Schulter schauend, überprüfte er seine Stiefelsohlen. Ehe sich der Beobachtende versah, wurde Elvis Presley im selben Moment von dem Plakat aufgesogen ...

Sein Idol war verschwunden – urplötzlich verschluckt von der plakatierten Transformatorenstation. Trouble to be ... o woouh!

Völlig perplex stierte er zu dem Plakat der Jordanaires hinüber, wo er gerade noch den einmaligen „King" leibhaftig wähnte.

Dort wies aber nichts auf die vermeintliche Anwesenheit von Elvis Presley hin. Lediglich das große Plakat verkündete weiterhin: „The Jordanaires – Elvis in Memory – In remembrance of the 16th August – The absolut date of Rock 'n' Roll".

Ein ungeheuerlicher Vorgang! Völlig verwirrt wischte er sich über die Augen, danach wandte er sich resignierend um ...

Das im Dämmerlicht liegende Areal des Platzes, die leise summende Transformatorenstation und die Häuserzeilen rundherum gaben sich wie eh und je. Nein, nichts Absonderliches war zu bemerken.

War dieses Erlebnis lediglich ein Hirngespinst, ein Trugbild ...? Äußerst merkwürdig, diese Sache!

An der Stelle, an der er eben noch die Borgward-Isabella-Limousine mit laufendem Motor und spielendem Radiogerät wähnte, präsentierte sich ein gänzlich anderes Bild. Zu seiner großen Verwunderung parkte dort ein wuchtiges Daimler-Benz-Sport-Coupé mit laufendem Motor.

Aus dem Wageninneren dröhnte mit immenser Lautstärke türkische Musik: „Oynatmaya Az Kaldi ..." – „Es ist wenig Zeit zum irre werden" ...

Mutmaßliches über Linden

Fünfte Episode

Nicht, daß er jeden Tag an diesen Ort kam. Nein – das nun gerade nicht. Aber seit Beginn seines Rentnerdaseins vor knapp sieben Jahren trieb es ihn doch öfters hierher auf die Straßenbrücke über den vierspurig geführten Westschnellweg am Lindener Berg.

Er wohnte nicht weitab von dieser Überführung und diese Brücke war die einzige in Linden, unter der der Verkehr des Westschnellwegs hindurchgeführt wurde.

Diese Straßenbrücke am vormaligen Kalksteinbruch – Grundlage für die Egestorffschen Unternehmungen und damit die frühe Lindener Industrie – verband den Stadtteil mit dem Lindener Berg, auf den er von Zeit zu Zeit pilgerte, um vom erhöhten Aussichtspunkt am Wasserspeicher zu der in der Ferne liegenden Hügelkette des Deisters zu schauen. Er dachte dabei an seine verstorbene Frau, die aus Bredenbeck stammte.

Auch heute war er auf dem Lindener Berg gewesen und hatte dort oben Lindemann getroffen, der in seinem Garten in den „Lindener Alpen" nach dem Rechten sehen wollte.

Nun stand er auf der Brücke verfolgte, den Oberkörper leicht über das graublaue Stahlgeländer gebeugt, wie so häufig den fließenden Verkehr in Richtung Hanomag-/Deisterplatz-Kreisel.

Weitaus seltener schaute er sich den entgegenkommenden Verkehrsfluß aus Richtung Herrenhausen an. Eine Erklärung konnte er dafür eigentlich nicht finden. Es war eben so; ihm war es einfach angenehmer, hinter den Autos herzuschauen.

Er liebte diesen pulsierenden, nie versiegenden Verkehrsstrom. Stundenlang konnte er an dieser Stelle ausharren, ohne daß es ihm langweilig erschien. Über die gesamte Dauer hinweg behielt er, wenn er dort unbeweglich stand, den Gehstock ans Geländer gehängt, seine vorgebeugte Haltung bei.

Früher galt sein spezielles Augenmerk den Fahrzeugmarken. Er erkannte jedes Fahrzeug an dem ihm eigenen Klang und brauchte das Auto überhaupt nicht zu sehen; allein die Motorgeräusche verrieten ihm die Marke und den Typ.

Heute hatte sich der Klang der einzelnen Modelle vereinheitlicht.

Er mußte feststellen, daß bei den Fahrzeugen eigentlich kein zuzuordnendes spezifisches Geräusch mehr entstand; alle Autos klangen heutzutage gleich, und obendrein besaßen sie nach seinem Empfinden überhaupt keine charakteristische Form mehr. Sie glichen beinah wie ein Ei dem anderen – sie waren eben „Windkanalgerecht gestylt". Nein, da waren schon lange keine patenten Konstrukteure wie Porsche, Borgward oder Glass mehr am Werk!

Aus diesem Grund hatte er schon vor etlichen Jahren seine Aufmerksamkeit ganz auf die amtlichen Nummernschilder verlegt. Mit der Zeit wurde es dann zu einer ausgeprägten Passion.

Er kannte die jeweilige Bedeutung der Buchstaben und war somit in der Lage, den Standort des Fahrzeugs zu bestimmen. Ja, mehr noch – sogar Stadt und Kreis konnte er aus dem Kennzeichen herauslesen ...

Schwierigkeiten hatten ihm zunächst die durch den Grenzfall neu eingeführten Buchstabenkombinationen der ehemaligen DDR-Bezirke bereitet. Aber inzwischen kannte er sie bis auf ganz wenige Ausnahmen. Die Kennzeichen von Flensburg bis Oberstdorf, von Aachen bis Görlitz hatte er im Kopf, und es machte ihm ohne Frage Spaß, sie zuzuordnen. Obendrein bedeutete das gleichzeitig noch ein bißchen Training für seine grauen Zellen ...

Und wenn ein althergebrachtes Nummernschild an einem Personenkraftwagen auftauchte, freute er sich darüber ganz besonders. Für diese alten Kraftfahrzeugkennzeichen, die durch die Gebietsreform zum Aussterben verdammt waren, wie zum Beispiel das von Neustadt am Rübenberge, Halle in Westfalen, Wiedenbrück und anderen, hatte er geradezu eine Leidenschaft entwickelt.

Ansonsten verglich er die Nummernschilder mit denen, die in seinem Gedächtnis reichlich gespeichert waren. Dafür benötigte er keine Liste. Früher, ja, da besaß er zeitweilig so ein kleines Taschennotizbuch von der Conti oder von der Allianz, in dessen Anhang die Kfz-Kennzeichen alphabetisch der Reihe nach aufgeführt waren. Heute, als Rentner, hatte er genügend Zeit und den Kopf frei, sich diese Buchstaben und ihre amtliche Zuordnung zu merken.

Obendrein malte er sich bisweilen mit reichlicher Phantasie die Städte, Orte und Landstriche aus, die sich hinter den Buchstaben verbargen, und ihn überkam manchmal Lust, diese Orte zu besuchen. Nicht unbedingt die großen Städte, für die ein oder zwei Buchstaben standen; nein – viel eher mochte er einem Ort mit drei Buchstaben auf dem Nummernschild einen Besuch abstatten. Meistens waren das die kleinen gemütlichen Städtchen. Aber durch ein steifes Knie in seinen Bewegungen behindert, wagte er es nicht mehr, eine solche Reise zu unternehmen. Seit langem waren „Landpartien" für ihn zu beschwerlich.

Damals, als er noch als Schacht- und Maurermeister im Autobahnbau beschäftigt war und ihm im gesamten norddeutschen Raum die Verblendung der Brückenbauwerke oblag, war er viel herumgekommen. Zu der Zeit hatte er Land und Leute kennengelernt!

Manch einer stattlichen Brücke hatte er den letzten Schliff durch ein akkurates Backstein-, Naturstein- oder spezielles Rauhputzwerk gegeben. O ja – unzählige Brücken trugen seine Handschrift. Überdies hatte er manche Brückentafel geschaffen – mit Jahreszahl, zum Teil auch mit Wappen und anderem Zierrat – und am Brückenfundament angebracht. Bei dieser besonderen Steinmetzarbeit hatte er sich damals nicht viel dreinreden lassen.

Nun ja, das lag alles bereits ein gutes halbes Dutzend Jahre zurück. Nach wie vor mochte er die eindrucksvollen Brücken, die im Einklang mit der Landschaft errichtet worden waren. Oft dachte er an die imposante Eisenbahnbrücke im vogtländischen Netzschkau. Das war ohne Frage ein einprägsames, außerordentliches Bauwerk!

Darum waren ihm auch diese gesichtslosen Betonbauten, die insbesondere in der letzten Zeit von Brückenbauplanern in die Welt und somit den Menschen vor die Nase gesetzt wurden, arg zuwider. Überhaupt kein Einklang mehr mit Natur und Landschaft. Für ihn waren das plumpe Zweckbauten ohne jede harmonische Einbindung in die jeweilige Gegend. Nun – er war mit diesen neuen Brücken ja nicht mehr unmittelbar befaßt; zumindest nicht beruflich.

Ab und an, wenn er abends bei Rackebrandt an seinem Stammplatz gleich neben der Eingangstür ein Veltins-Bier trank und irgend jemand an einem der benachbarten Tische das Gespräch auf den enormen Straßenbau im Rahmen der Expo brachte, dann machte er sich so seine Gedanken. Nicht, daß er sich in das Gespräch einmischte oder gar seinen sachkundigen Beitrag dazu lieferte – nein, er hörte einfach schweigend zu.

Erst vor kurzem kam die Rede wieder auf die anstehende Weltausstellung und das damit verbundene Thema Straßenbau. Man sprach über die vermaledeite Brücke auf dem Expo-Gelände, die wohl um einen halben Meter zu kurz gebaut worden war. Da mußte doch jemand ein falsches Augenmaß gehabt haben – oder?

Nun ja – laß die man reden! Schweigend vor seinem Veltins sitzend, dachte er sich sein Teil.

Ihn erfreute der Anblick des solide gezapften Veltins, daß ihm Rackebrandt-Wirt Donner im Augenblick mit einem „Wohl bekomm's!" servierte ...

Nur bei der zuletzt stattgefundenen Sanierung der vier wichtigen Straßenbrücken – eine Über- und drei Unterführungen – des Westschnellweges zwischen Schwanenburg- und Hanomag-Kreisel hatte er sich eingemischt und war mehrmals mit dem anwesenden Bauleiter ins Gespräch gekommen.

Die Arbeiter waren zwar lauter junge Spunde, aber augenscheinlich hatten die ihr Handwerk von der Pike auf gelernt. Nur mit der Einbindung der Brückenbauwerke in die bestehende Landschaft klappte es nicht so richtig. Hatte angeblich alles etwas mit der Finanzierung dieser Objekte zu tun ...

Während dieser Gespräche mußte er sich alsbald eingestehen, daß in „seinem" Brückenbaugewerbe die Zeit nicht stehengeblieben war. Da hatte sich anscheinend einiges geändert, und es wehte ein ganz anderer Wind als damals! Nicht mehr diese Aufbaustimmung. Früher hatte jede Brücke ein eigenes Gesicht, ein unverwechselbares Aussehen. Das gab es heute kaum noch.

Manchmal dachte er an die Zeit zurück, in der er noch Schuljunge war und in ihm der Wunsch keimte, natürliche Hindernisse technisch zu überwinden, geschwungene Verbindungen zu schaffen und Konstruktionen für den Verkehr zu bauen.

An zahlreiche Begebenheiten von damals konnte er sich noch gut erinnern, sie hatten den Grundstein zu seinem späteren Berufswunsch, Schacht – und Brückenbaumeister zu werden, gelegt.

In den ersten Tagen des Aprils 1945, als der Tanzmeister zur allerletzten „Allemande" aufrief, fand er sich als Milchgesicht im heillosen Aufgebot eingereiht. Das bittere Ende stand unwiderruflich bevor; nur zögernd wichen Winterstürme dem Wonnemond, im milden Licht leuchtete der Lenz ...

Abgestellt zur letzten Wehr, gab er im weiten Gau den unterschiedlichsten Brückenbauwerken mannhaft seinen Schutz. Zu mancher Nachtstunde, in der rundum der Horizont vom unnatürlichen Elmsfeuer flackerte, hielt er wie befohlen bis zum erwachenden Tag Wacht und vergab sich währenddem nicht das Geringste im heldenhaften Tun, wußte er doch zu gut, daß die Räder allesamt für den Sieg rollen mußten.

Im Morgengrauen eines aufziehenden Frühlingstages dann spürte er, am Brückengeländer stehend und traumbeladen ins stille Wasser des Stichkanals schauend, jäh einen leichten Schlag an seinem Knie. Nichts Aufregendes eigentlich; er wunderte sich nur über den gar so lütten Riß im Stoff seiner Schihose. Unerwartet wummerte es dumpf in der Nähe ...

Im Jahr darauf hatte er dann, nach dem verruchten Weltschrecken, ein weiteres Brückenerlebnis.

Im Frühjahr 1946 erlitt das gesamte Leinetal eine Hochwasserkatastrophe. Linden war mehrere Tage von Hannover abgeschnitten. Leute aus Linden, die in die Stadt wollten, mußten einen weiten und beschwerlichen Umweg über Dedensen nehmen, um das schlimme Hochwasser zu umgehen.

An einem Sonntag, zur späten Abendzeit, war er mit einer Handvoll Freunde zur Ihme- und Glockseebrücke gezogen, um dort in der Dunkelheit, wenn möglich, einige Benzinkanister aus dem Wasser zu stibitzen, die vom überfluteten englischen Depot auf dem Schützenplatz getrieben kamen und sich in rauhen Mengen vor der Brücke am verengten Durchfluß festgesetzt hatten.

Auf der Brücke stehend, peilten sie zuerst vorsichtig die Lage. Dann wagte er sich, trotz des schmerzenden Stechens im Knie, zusammen mit seinem besten Freund, während die anderen Schmiere standen, hinunter, um einen Benzinkanister aus dem eisigen Flußwasser zu fischen.

Jedoch, bevor sie richtig zu Werke gehen konnten, traf mit aufheulendem Motor ein englisches Militärfahrzeug ein und vereitelte die Aktion.

Schleunigst, leider ohne einen einzigen Benzinkanister in der Hand, machten sie sich, als die Tommies bereits ihre Trillerpfeifen ertönen ließen, im Schutz der Dunkelheit an der „Lindener Samt" und dem „Capitol-Hochhaus" vorbei, aus dem Staub.

Sein drittes Brückenerlebnis hatte er im letzten Schuljahr.

An einem der Schulwandertage waren sie mit ihrem Lehrer von Linden zur Limmeraner Sackmannkirche und Schleuse, hinterher zur Wasserkunst, dann am Leinefluß entlang bis zum Marienwerder-Hinüberschen Garten am dortigen Kloster spaziert.

Nach einer Rast machte man sich auf den Weg zum „Blauen See" an der Autobahn. Hier wurde ausgiebig gebadet, denn es herrschte schönes Sommerwetter.

Auf dem Rückweg wollten sie alle unbedingt noch die Autobahn bewundern, bevor es gegen Abend mit dem Omnibus zurück nach Linden ging. Unbestritten besaß die Autobahn in der damaligen Zeit auch für Stadtkinder eine magische Anziehungskraft.

Der Lehrer mahnte sie zur allgemeinen Vorsicht: eine Autobahnbrücke sei kein Spielplatz für Kinder! Kurze Zeit später stand dann die ganze Klasse auf der langgestreckten Straßenbrücke über der durch einen breiten Grünstreifen getrennten Autobahn Dortmund – Berlin.

Unter ihnen rollten ein Büssing-Lastkraftwagen und ein Magirus Deutz-Kipper mit Kies durch, ein Horex-Motorrad mit Beiwagen und ein zweisitziges Gutbrod-Auto. Ihnen folgten eine Weile später ein Goliath-Personenkraftwagen sowie ein VW-Bulli. Bald darauf lieferten sich zwei Mercedes-Automobile ein kleines Wettrennen, und ein „DKWuppdich" zog auf der Gegenfahrbahn eine blaue Fahne hinter sich her.

Die Klasse johlte ausgelassen und winkte jedesmal. Mancher Autofahrer grüßte hupend zurück. Das Schauen auf der Brücke über den beiden Betonbahnen machte den Kindern einen Heidenspaß.

Zwischenzeitlich, wenn kein Kraftfahrzeug in Sichtweite war, schloß man untereinander Wetten über das nächste erscheinende Automobil ab oder alberte zum Zeitvertreib am Brückengeländer herum.

Plötzlich purzelte eine einzelne Sandale durch die stählernen Gitterstäbe der Brücke hinunter auf die Mitte der betonierten Fahrbahn.

Oje – alle hielten den Atem an. Was würde der Lehrer dazu sagen? Doch der verlor nicht viele Worte. Er war ein Mann der Tat. Sogleich stand er dem Unglücksraben zur Seite, weil dieser ja schlecht mit nur einer Sandale heimkommen konnte.

Schnell waren zwei aufgeweckte „Butjer" eingeteilt, die den Verkehr aus Richtung Ruhrgebiet beobachten sollten. Alsdann ging der Lehrer mit dem Pechvogel im Schlepptau die Böschung hinunter, stellte sich wachsamen Auges an den Fahrbahnrand der Autobahn, verständigte sich mit den zwei Buben oben auf der Brücke und gab dem Sandalenbesitzer – nun aber fix! – das Kommando zum Losrennen.

Der wieselte los, schnappte sich rasch die Sandale und kehrte völlig außer Atem zurück zum Fahrbahnrand. Kaum war die Schnalle an der Sandale geschlossen, ratterte ein riesiger MAN-Speditionslastzug mächtig nah vorüber.

Komischerweise machte der Lehrer auch nachher kein Aufhebens von diesem Malheur. Nichtsdestoweniger war es einem Fußgänger strengstens untersagt, die Fahrbahn der Autobahn zu betreten oder sie gar zu überqueren; das wußten alle.

So manches Mal war er später an den Sonntagen mit dem Fahrrad seines Vaters wieder an die Autobahnbrücke gefahren. Die Begebenheit blieb in seinem Gedächtnis.

Vor einigen Tagen passierte nun folgendes: Wieder einmal stand er auf der Brücke am Lindener Berg. Es herrschte sommerliches Wetter, von Sankt Martin tönte der Stundenschlag der Turmuhr, und die Fahrzeuge sausten Stoßstange an Stoßstange unter der Brücke durch. Er konnte kaum mithalten, die vielen Nummernschilder zuzuordnen und zu benennen. Auch ausländische Kennzeichen waren unter ihnen; das lag wohl an der Hannovermesse ...

Plötzlich bemerkte er zwei halbwüchsige Bengels, die sich trotz des starken Verkehrsflusses dort unten an der schrägen Betonwand der Brücke mit mehreren Farbsprühdosen zu schaffen machten. War es denn die Möglichkeit? Hatte man so etwas schon gesehen ...?

Mit einem lauten Pfiff auf zwei Fingern gebot er den Bengeln Einhalt. Doch die scherten sich nicht die Bohne um ihn, der über ihnen auf der Brücke stand.

Munter sprayten sie, direkt am Fahrbahnrand stehend, die verwitterte Brückenbetonfläche mit allerlei Farben ein. Bald standen mehrere völlig verdrehte Buchstaben knallbunt an der Wand – und weitere folgten ihnen.

Das brachte ihn nun gewaltig in Rage. Nochmals pfiff er und drohte eindringlich mit seinem Gehstock. Doch die Bengels sprayten unbekümmert weiter.

Er konnte es nicht mit ansehen. Nichts als „Dägenisches Zeug" im Kopf. Diesen Bengeln mußte er die Leviten lesen. Na wartet, ihr Hannakens!

Zwar handelte es sich bei dieser Brücke nicht um eine „seiner" Brücken, aber sie zu verschandeln – das konnte er nicht ertragen.

Auf etlichen Umwegen durch das Strauchwerk gelangte er stark schnaufend an die Stelle, an der eben noch gesprayt worden war.

Das ruchlose Werk war längst noch nicht fertiggestellt. Die Bengel hatten, als sie sein Kommen bemerkten, schnellstens das Weite gesucht und eine Batterie von Farbspraydosen am Ort des Geschehens zurückgelassen.

Überaus verärgert schaute er den grellbunten Schriftzug an.

Aus den wirr ineinanderverzahnten Buchstaben konnte er nicht schlau werden, und hilflos versuchte er, mit seinem guten Taschentuch die frische Farbe von der rauhen Betonwand abzureiben.

Unterdessen hupten zahlreiche Autofahrer äußerst empört über seine unangebrachte Anwesenheit am Fahrbahnrand und zeigten ihm durch eine deutliche Geste, was sie von seinem Tun hielten.

Doch er beachtete das überhaupt nicht. Wie besessen versuchte er weiterhin, mit seinem Taschentuch die anhaftende Farbe abzureiben. Nach einer kurzen Dauer hielt er in seinem Tun inne und überlegte, wie die Reinigungsaktion effektiver zu gestalten sei.

Währenddessen hörte er, wie die beiden Bengel, die inzwischen oben auf der Brücke standen, ihn lautstark verspotteten. Bitternis stieg in ihm auf. Aber er hatte hier etwas zu erledigen.

Es müßte doch mit der großen Menge Sprühdosen zu machen

sein, mittels eines zusammengemischten grauen Farbtons die schäbigen Krakeleien auf der Betonfläche zu überdecken, dachte er bei sich.

Kurz entschlossen nahm er eine der zurückgelassenen Sprühdosen in die Hand und drückte vorsichtig auf den Ventilknopf. Sofort schoß feiner Farbnebel aus der Dose. Aha, so funktionierte das!

Daraufhin bückte er sich nach einer anderen Farbdose, die, wie ihm schien, besser zum Überdecken der gesprayten Ornamente geeignet war und wollte gerade einen deckenden Farbstreifen an die Betonwand sprühen, als er völlig verdutzt aus dem Augenwinkel heraus bemerkte, wie in der Entfernung ein Polizeiwagen mit Blaulicht auf ihn zusteuerte und auf seiner Höhe bremste.

Den Ordnungshütern erwartungsvoll entgegensehend, ließ er die Sprühdose sinken.

Behende sprangen zwei junge Beamte aus dem Polizeiauto, gingen, zu allem entschlossen, auf ihn zu, und überschütteten ihn mit einem Wortschwall: „Schau mal einer an! Wen haben wir denn da beim Farbsprayen ertappt? In aller Seelenruhe versprüht der Großvater hier an der Betonwand mitten im dichtesten Messeverkehr seine Rente? Junge, Junge, das hältste im Kopf nicht aus! Nur kindischen Unfug haben die alten Leute im Sinn! Hat man so etwas schon gesehen? So ein Staketenflicker! Gestern noch auf dem Opernplatz mächtig den „grauen Panther" knurren lassen und heute zur Farbspraydose greifen. Was sollen denn eigentlich diese Schriftzeichen bedeuten – ist wohl eine wichtige Botschaft an die Welt?! Herrschaftszeiten! Alter schützt eben nicht vor Torheit! Verschandelt hier einfach so aus Jux und Tollerei die Landschaft ..."

Später, bei Rackebrandt sein Bier trinkend, mußte er doch über diesen Vorfall schmunzeln. Brücken spielen in seinem Leben eben nach wie vor eine wichtige Rolle ...

Sechste Episode

Besonders auffällig geworden, nein, das war er bestimmt nicht. Jedenfalls nicht an diesem Abend.

Möglicherweise hatte er bereits „ein bißchen über den Durst" getrunken. Aber was machte das denn, solange er, ohne jemandem Ärger zu bereiten, still hinten rechts in der Nische saß und sein Bier trank. Derzeit jedenfalls saß er, stumm vor sich hinbrütend, am Tisch.

Sich am Heiligen Abend in der dumpfen Vertrautheit der Eckkneipe am Kötnerholzweg zwischen Bierhahn, Sparfachkasten und Plastikweihnachtsbaum aufzuhalten, war für ihn jedenfalls besser, als kaum zehn Minuten von hier entfernt in der Tristesse seiner eineinhalb Zimmer zu sitzen, in denen er nach mehrmaligem Umzug im Stadtteil seit einiger Zeit untergekommen war.

Nicht, daß er hier in der „Kötner Stube" unbedingt zu den üblichen Stammgästen zu zählen war. Nein, keinesfalls! Von einer Stammkneipe, die er regelmäßig aufsuchte, konnte man bei ihm ohnehin nicht sprechen.

Wenn ihm danach war, er unter Leuten sein wollte, ging er gelegentlich um die Häuser in die eine oder andere Kneipe; das geschah allerdings verhältnismäßig selten, denn er besaß nicht das nötige Geld dafür.

Überdies machte es ihm auch keinen richtigen Spaß mehr. Wenigstens nicht hier in Linden, obwohl die hiesige Kneipenlandschaft fast annähernd so war, wie damals die im Pütt.

Ja, wäre Venne Spohrmann da, wie früher ... Paß mal auf, dann würden sie ohne weiteres einen „gewaltigen Zug" durchs Leinetal machen. Aber das war längst vorbei!

Nein, inzwischen trank er sein Bier aus der Flasche. Seit einiger Zeit meistens an der Trinkhalle oben an der Nieschlagstraße bei Lutjen oder auch am Kiosk unter dem Kastanienbaum an der lärmenden Kreuzung Fössestraße.

Dort saß er mit einigen anderen manchmal tagsüber zusammen und leerte ein paar Flaschen – wenn das Geld reichte, denn anschreiben lassen konnte man nicht.

Vor Monaten hatte er beim Prospektaustragen rein zufällig in der Pestalozzistraße eine Kneipe mit „Brinkhoffs No. 1" unterm Zapfhahn entdeckt. So ein frischgezapftes Dortmunder wäre schon was für ihn! Zusammen mit Venne Spohrmann hätte man sich das bestimmt irgendwie schon mal leisten können. Aber jetzt war das um ein paar Pfennige zu teuer für ihn, zumindest seitdem er keine rechte Arbeit mehr fand.

Hin und wieder, wenn es halbwegs mit dem bißchen Geld langte, standen zwei oder gar drei Sixpacks Herrenhäuser vom Kaiserhof-Getränkemarkt nebenan unter der Spüle. Und da er diesen Nebenraum nicht heizte, herrschte an dem Platz stets die richtige Temperatur für das Bier.

Im übrigen besaß er gar keinen richtigen Ofen zum Heizen. In seiner kleinen Kammer hatte er beim Einzug davon Abstand genommen, einen Heizofen an den Schornstein anzuschließen. Lediglich standen hier zwei Krefft-Kochplatten, auf denen er sich ab und zu etwas Warmes aus der Dose zubereitete.

Sein Essen selber zu kochen, hatte sich für ihn noch nie richtig gelohnt, war er doch seit eh und je alleinstehend! Früher, als er noch im Pütt auf Arbeit ging, brauchte er ohnehin nicht zu kochen.

Damals war er fast immer in die Zechenkantine von der „Bleib treu" gegangen oder nach der Spätschicht gelegentlich auch mal an die Bude von Armin Kowalschek drüben auf der anderen Straßenseite. Da waren natürlich außer einem Rollmops oder einer Frikadelle mit'm ordentlichen Klacks Löwensenf auf'm Pappteller auch immer ein paar Flaschen Wicküler Isenbecker oder Weissenburger dabei ...!

Ab und an war er auch schon mal mit Venne Spohrmann, abends nach dem Üben mit der Bergmannskapelle bei Strathmann im Saal, wenn er so richtig „Kohldampf" hatte, vorne in der Gaststube geblieben und hatte ein ordentliches Tellergericht mit Tagessuppe und allem drum und dran eingenommen. Das gab zweifelsohne eine recht solide Unterlage für die sich anschließenden Hohenfelder- oder Union-Biere ...

Mitunter saßen sie dann bis in den frühen Morgen zusammen. Vereinzelt kam es schon einmal vor, daß er sein B&S-Kornett bei Willi Strathmann als Pfand hinterlegen mußte, weil er kurz vor Monatsende völlig blank war, und er den Deckel beim besten Willen nicht begleichen konnte.

Wenn aber das zusammengekratzte Geld für die Bezahlung der Rechnung reichte, stach die beiden manchmal gehörig der Hafer.

Dann nahmen sie, er mit seinem vorzüglichen Kornett und Venne Spohrmann mit vorgebundener Trommel, zu früher Morgenstunde im schmalen Treppenaufgang zu Strathmanns Kneipe Aufstellung – wenn auch auf ziemlich wackeligen Beinen – und begrüßten mit munteren Weisen den Tag ...!

Junge, wie hatte die Else Strathmann sich so manches Mal darüber aufgeregt. Noch bevor der von der Nachbarschaft wegen Ruhestörung herbeigerufene Peterwagen eintraf, war sie rabiat dazwischengefahren.

Häufig waren sie dann noch weitergezogen, mit einem emaillierten Fünf-Liter-Eimer randvoll mit Bier, an die Bude bei Jupp Sawatzki. Gewöhnlich gab es dort nach einem kleinen Ständchen und mehreren Zugaben noch einen Flachmann als Absacker ...

Ja, sein Blasinstrument hatte ihm damals oft weitergeholfen. Zum Beispiel im Schrebergartenverein „An der schwatten Halde", wo er zum 1. Mai und zu anderen Anlässen wie Silberhochzeiten oder Jubiläen immer mal wieder ein paar Stücke auf dem Kornett zum besten gegeben hatte. Die Leute zeigten sich jedesmal sehr freigiebig; für ihn und Venne Spohrmann an der Schießbude gab es außer ein bißchen Geld auch reichlich Freibier. Und natürlich Bockwurst mit riesigen Mengen Kartoffelsalat! So war das damals ...

Doch das war alles längst Vergangenheit. Als die Ruhrkohle AG die „Bleib treu" „wegen unzureichender Rentabilität innerhalb der Montanunion" – schloß, stand er von heute auf morgen auf der Straße. Ja, so konnte es gehen! Ehe man sich versah, wurde man nicht mehr gebraucht! Aus und vorbei ...

Nach langer Zeit ohne Arbeit, bekam er dann einen Job als Maschinenschlosser bei der Hanomag. Das war bereits lange danach, als dazumal noch überall im weiten Land vor den Fabriktoren Schilder mit großen Lettern prangten, auf denen für jedermann zu lesen stand: Wir stellen ein ...

Den Arbeitsplatz bei der Hanomag konnte er ergattern, weil ein ehemaliger Kumpel vom Bund, der in Hannover-Ricklingen lebte, für ihn beim Werkmeister Detjens und bei der Personalabteilung ein gutes Wort eingelegt hatte und man gerade einen versierten Maschinenschlosser suchte.

Nach dem Umzug von Oer-Erkenschwick nach Linden „schaffte" er knappe neun Jahre bei der Hanomag, bis auch dort eines guten Tages der Hammer fiel, er vorm Fabriktor stand und abermals arbeitslos war.

Das ehemals bedeutende Traditionswerk in Hannover-Linden wurde zur Geschichte, und beim unwesentlichen Restbetrieb der Hanomag, der Lohnhärterei, hatte man für ihn, der erst so wenige Jahre beschäftigt war, keinerlei Verwendung.

Den Herren der Werksleitung tat es aufrichtig leid, ihm und den zahlreichen anderen Betriebsangehörigen diese unverrückbare Tatsache mitzuteilen; so stand es jedenfalls auf dem Papier, das er eines Morgens in den Händen hielt.

Man habe alles versucht, um die Hanomag, dieses großartige Industrieerbe des Firmengründers Georg Egestorff, zu erhalten. Unendlich mühevoll seien zukunftsträchtige Pläne erarbeitet worden, selbstredend unter differenzierter Berücksichtigung aller maßgeblichen Umstände und der weltweit angespannten Lage auf dem Sektor des Maschinenbaus.

Was nützte es da, daß er vereint mit einer großen Zahl Kollegen der VAW-Leichtmetall, den Telefunken-Leuten sowie anderen streitbaren Arbeitern zwischen Ricklinger Kreisel und Linden-Süd unter sperrigen Spruchbändern losmarschierte und Flugblätter zum Erhalt der Arbeitsplätze verteilte?

Zwar war allerhand los gewesen; die Bundesstraße war wegen des Demonstrationszugs gänzlich gesperrt gewesen, und die Autofahrer hatten furchtbar getobt. Sogar die Leute vom Fernsehen waren hautnah mit ihren Kameras und Mikrofonen dabeigewesen. Die von der Gewerkschaft hatten mit ihren Reden den Bossen kräftig zugesetzt. Aber genützt hatte es alles nichts! Es war schon seit langem beschlossene Sache gewesen.

Wieder einmal stand er vor einem geschlossenen Fabriktor.

Als unüberhörbarer Protest gegen die herrschende Schicht des kapitalistisch geprägten Etablissement, wie es der Werkstudent in seinem dialektischen Jargon umschrieb, hatte er am allerletzten Tag sein Kornett mitgebracht und aus dem Lokusfenster im dritten Stock eindringlich „Il silenzio" über den Fabrikhof geblasen.

Obwohl sein eigener Arbeitsplatz ebenfalls ersatzlos gestrichen wurde, wollte ihn der damalige Werkmeister Detjens deswegen noch kurz vor Toresschluß mächtig aufs Dach steigen.

Gerade in dem Moment, als der alte Detjens wie ein aufgebrachter Derwisch mit Schmackes die Tür zum Lokus aufriß und ihn, den Bläser, zusammenstauchen wollte, leitete er sein Kornettspiel hurtig, aber in aller Harmonie, in die Melodie des Sozialistenmarschs über.

Damit war dem alten Detjens der Wind aus den Segeln genommen. Irritiert schloß der Werkmeister unverzüglich die Tür und verschwand wortlos von der Bildfläche. Sogleich ging der Sozialistenmarsch wieder über in das stimmungsvolle „Il silenzio" ...

Tags darauf standen alle Mann bis auf einen verschwindend geringen Teil ohne Arbeit da. In einer Pressemeldung dazu lautete es lapidar: „Konkurs der Mainzer IBH Holding AG Horst Esch, zu der auch die ‚Hanomag' zu zählen ist. Nach der Abwicklung steht wahrscheinlich die Übernahme von Teilbereichen der ‚Hanomag' durch eine mittelständische Unternehmensgruppe an. Die Politik bemüht sich in einem Konsensgespräch, den ‚Freigesetzten' eine Alternative zu bieten ..."

Daraus wurde für ihn allerdings nichts. Ihm blieb über lange Zeit hin einzig der Weg zum Arbeitsamt offen. Aber wer suchte schon einen arbeitslosen Maschinenschlosser? Darüber hinaus galt er schon aufgrund seines Alters als schwer zu vermitteln.

Bitternis kam in ihm auf und er nannte sich selber sarkastisch einen „Ansteller", weil er sich morgens auf den langen Fluren der Behörde eine Nummer ziehen und in der Warteschlange anstellen mußte. Nur, das war insgesamt gesehen kein ordentlicher und schon gar nicht ein anerkannter Beruf ...

Er versuchte alles mögliche. Von Gelegenheitsarbeiten und dem Verkauf der Asphalt-Zeitung hielt er sich eine Zeitlang über Wasser. Aber das wenige Geld, das er hierbei verdiente, reichte vorne und hinten nicht.

Aufgrunddessen mußte er sich vor etlichen Monaten schweren Herzens dazu durchringen, sein feines Kornett im Pfandleihhaus zu versetzen. Junge, das ging ihm gewaltig an die Nieren!

Es war einer dieser schäbigen Montage, an denen man am besten überhaupt nicht aus dem Fenster schaute und schon gar nicht die Wohnung verließ.

Nach langer Abwägung machte er sich vormittags auf den Weg zum Pfandleihhaus in der Nähe des Küchengartens.

„Mehr ist das Instrument wirklich nicht wert?" fragte er düster über den Tresen des Leihhauses hinweg, als ihm eine bescheidene Geldsumme angeboten wurde.

Ja nun, es fehle ja obendrein an dem Ding auch das Mundstück ...! Achselzuckend legte die Bedienung sein Kornett samt Etuikoffer nach hinten ins Regal gelegt und sagte, daß er es ja wieder auslösen könne. Wenn er demnächst genügend Geld auf den Tresen des Hauses zählte, bekäme er sein Instrument anstandslos wieder zurück!

Ziemlich zerknirscht trat er aus der Tür des Leihpfandhauses. Nun besaß er eigentlich nicht mehr viel, was ihn unmittelbar an Oer-Erkenschwick und an die Zeit mit Venne Spohrmann erinnerte. Betrübt dachte er daran zurück und befühlte das zurückbehaltene Mundstück in seiner Jackentasche.

Vor einigen Monaten entdeckte er dann unverhofft am Schwarzen Brett des Realmarkts einen Zettel, auf dem so etwas wie ein

Werbezettelausträger gesucht wurde. Besser als nichts, hatte er sich spontan gedacht.

Kurzerhand erkundigte er sich nach dem Marktleiter und sprach diesen zwischen Tür und Angel an. Zwar musterte der Marktleiter ihn erst von oben bis unten und äußerte irgend etwas von angedachter Schüler- oder Frauenarbeit. Aber nachdem er ihm treuherzig zugesichert hatte, sich für diese Tätigkeit sauber zu rasieren, wurden sie sich nach einer Weile handelseinig.

Ein Zufall kam ihm außerdem noch zu Hilfe, den Marktleiter zu überzeugen. Als sie nämlich dort im Vorbau bei den zusammengeschobenen Einkaufswagen standen, verklemmte sich am Wagen einer Kundin eine Pfandschließung. Sämtliche Einkaufswagen waren blockiert. Schon standen mehrere Leute, die einen Wagen benötigten, schimpfend herum.

Jedoch, bevor der Marktleiter sich einschalten und beruhigend eingreifen konnte, hatte er den Schaden bereits mit wenigen Handgriffen sachkundig behoben. Das Geschäft lief wieder reibungslos ...

Am darauffolgenden Morgen war er pünktlich zum Werbezettelausteilen erschienen. Mit einer fürchterlich wackligen Karre zog er nun jeweils drei, vier Tage in der Woche kreuz und quer, straßauf, straßab durch Linden, Limmer und das angrenzende Davenstedt.

Dabei lernte er frühzeitig, daß es nicht angebracht war, Werbung vom Supermarkt in einen Briefkasten zu werfen, wenn der Vermerk „Bitte keine Werbung!" oder „Werbung – Nein Danke!" an ihm klebte. Einige Male hatte er den Hinweis übersehen und sich bisweilen Ärger eingehandelt. Vermutlich stand manch zankhafter Zeitgenosse unmittelbar hinter der Wohnungstür und wartete nur auf ein solches Vergehen.

Später ließ er einen auf solche Weise gekennzeichneten Briefkasten links liegen und gab dafür in den Nachbarbriefkasten zwei oder drei Prospekte. Irgendwie mußte er ja sein Pensum schaffen und den Packen Reklame im Laufe des Tages loswerden ...

Sich schon bald zum Spezialist entwickelnd, markierte er die Häuser, in denen Werbung unerwünscht war, durch einen Kreidestrich links unten am Türsockel. Ein Stück Kreide hatte er immer in der Tasche, damit kennzeichnete er außerdem auch ganz akkurat auf dem Gehweg seinen Verteilerweg. Diese Finesse hatte ihm Hans beigebracht, der im Stadtteil als einer der profiliertesten Prospektverteiler galt.

Richtiggehend überzeugt von seinem Arbeitseifer hatte er den Marktleiter vom „Real" dann vor einigen Wochen. An der vollbepackten Karre war unter der Last ein Rad abgebrochen. Was für ein

Pech, denn er war erst am Beginn seiner Tagestour. Eingehend besah er sich den Schaden, wuchtete alsdann die Karre kurzerhand in die kleine Autoreparaturwerkstatt im Hinterhof, und brachte die Sache wieder in Ordnung.

Er hatte dafür das Schweißgerät in der Werkstatt kostenlos nutzen dürfen. Um ein Haar hätte er dort sogar einen Job bekommen; wenn, ja wenn nicht der Werkstattbesitzer durch die allgemein angespannte Lage selber zu knapsen gehabt hätte ...

Und wären nicht die laufenden Kosten und das bißchen Bier von dem sauer verdienten Geld abgegangen, so hätte es auch beinahe geklappt mit dem Rückkauf seines Instruments aus dem Pfandleihhaus am Küchengarten.

Das nämlich lag ihm die ganze Zeit über am Herzen. Aber er hatte es einfach nicht geschafft, das nötige Geld für sein Kornett zusammenzuhalten, zumindest nicht bis zu den Weihnachtstagen.

Also hatte er gestern drei Sixpacks „Herrenhäuser" ins Haus geholt und versucht, sich damit etwas zu trösten. Zu Beginn des kommenden Jahres würde er ganz sicher einen erneuten Anlauf starten. Das nahm er sich ganz fest vor.

Besonders auffällig geworden, nein, das war er nicht. Nicht vorher und auf keinen Fall an diesem Abend.

Möglicherweise hatte er bereits „ein bißchen über den Durst" getrunken. Aber was machte das denn, solange er, ohne jemandem Ärger zu bereiten, still in der Nische saß und sein Bier trank. Derzeit jedenfalls saß er, stumm vor sich hinbrütend, gänzlich unauffällig am Tisch.

Seine Gedanken wanderten verloren umher. Vor ihm stand ein abgestandenes Bier.

Die verqualmte Luft und die Wärme aus dem Heizkörper nebenan machten ihn schläfrig, und es war ihm, als sei er am Tisch kurzzeitig eingenickt ...

Er war hierher gekommen, weil ihn die Leuchtschrift über dem Eckeingang durch die nasse Dunkelheit angezogen hatte.

Nachdem er vor ein paar Stunden die letzte Flasche „Herri" geleert hatte, fiel ihm in seiner klammen Kammer die Decke auf den Kopf.

Also packte er alle leeren Flaschen in Plastiktüten und verließ das Haus. Im frühen Abenddunkel ging er zuerst zur Rampenstraße an den Glascontainer für braunes Leergut und entsorgte dort das gute Dutzend Bierflaschen. Danach stellte er fest, daß beide Trinkhallen zu dieser Stunde bereits geschlossen waren. Auch im „Meeting" an der Ecke Fössestraße brannte kein Licht, und zu „Logi" ging er aus

Prinzip nicht. Infolgedessen war er alsdann ziellos durch die leeren Straßen des Stadtteils gegangen, hatte hier und dort an verschlossenen Kneipentüren gerüttelt, bis er eine ganze Weile später vor dem Pfandleihhaus am Küchengarten stand. Die eisernen Rolläden waren heruntergelassen.

Sich mit der Hand über die Augen fahrend, wandte er sich ab und setzte sich für einen Moment gegenüber auf die Sitzbank in der verglasten Nische der Straßenbahnhaltestelle. Nasse Schneeflocken fielen vom Himmel.

Aus der feuchten Dunkelheit kommend, bog eine Straßenbahn quietschend in die Limmerstraße ein und hielt an der Haltestelle.

Niemand stieg ein oder aus. Durch die beschlagenen Fenster starrten ihn einzelne ausdruckslose Gesichter an. Nach kurzem Aufenthalt ruckte die Straßenbahn an und wurde bald von dem nassen Schleier des zunehmenden Schneefalls verschluckt.

In einem der gegenüberliegenden Schaufenster blinkten unaufhörlich rote und grüne Lichter. Ein struppiger Hund lief durch die Matschpfütze zwischen den Schienen.

Seine Hände tief in den Taschen seines Dufflecoats vergraben, fühlte er das Mundstück seines versetzten Instruments. Mit einer gewissen Genugtuung betastete er das kalte Messingstück ...

Es fröstelte ihn. Die Kälte kroch in ihn hinein. Daher zog er seine Jacke enger zusammen, erhob sich und ging zögernd die Limmerstraße entlang.

Vor der Fensterfront von „Limmer Zehn" blieb er stehen und blickte verwundert durch die Scheiben.

Der schwach erleuchtete Innenraum war angefüllt mit echten Nadelbäumen. Dicht an dicht standen sie in aufgeschüttetem Sand beieinander. Auf mehreren schlichten Hinweisschildern stand erläuternd der Titel dieser Ausstellung: „...ich glaube, ich stehe im Wald!"

Hm ..., eine sehr eigenartige Darbietung, dachte er bei sich, und schlagartig kam ihm zu Bewußtsein, daß die Christnacht bevorstand; Weihnachten! Er schniefte angestrengt.

Also, da könnte man ja nachher, zu vorgerückter Stunde, noch in den Keller der Bethlehem-Kirche gehen und beim Pastor ein Bethlehem-Bräu trinken. Nach dem Gottesdienst, versteht sich! Irgend jemand spendierte ihm schon ein Bier, das würde sich bestimmt ergeben; heute, am Heiligen Abend.

Mit einem Ruck löste er sich von dem wunderlichen Aktionskunstwerk, setzte sich grübelnd in Bewegung und überquerte nach wenigen Schritten die ausgestorbene Limmerstraße.

Unmittelbar an der Ecke, am Eingang zur Lindener Volksbank,

blieb er für einen Augenblick stehen und murmelte wiederholend vor sich hin: „...ich glaube, ich stehe im Wald!" Hm ...! Gedankenschwer schüttelte er seinen Kopf.

Aus einem leicht geöffneten Fenster in der Nachbarschaft drang die traute Weise: Süßer die Glocken nie klingen, als zu der Weihnachtszeit.

Lauschend seinen Kopf hebend, sprach er stockend den Text des Liedes mit. Danach schneuzte er sich umständlich und schaute unschlüssig in die leere Seitenstraße.

An der langgestreckten Mauerwand des ehemaligen Lichtspielhauses klebten mehrere Plakate mit dem Aufdruck: „... alle Jahre wieder: Die Band von Weihnachten – Konzert am vierundzwanzigsten Dezember bei Charly Dörfel im ‚Frosch'."

Er bog in diese Seitenstraße ein. Beim Türkisch-Deutschen Freundschaftsverein brannte zwar die Coca Cola-Werbung über dem Eingang, ansonsten war aber auch hier die Tür verschlossen.

Wenige Augenblicke später, als er bei der Einmündung Ahlemer Straße anlangte, bemerkte er, daß drüben im türkischen Café „Tan" allem Anschein nach noch etwas los war.

Eigentlich trank er nie etwas Hochprozentiges; seltsamerweise jedoch hatte er jetzt plötzlich Lust auf einen Raki. Also gut, auf einen Raki! Kurz entschlossen drückte er die Eingangstür auf.

Das enge Café war halb gefüllt; nur Männer, bis auf die Bedienung hinter dem schmalen Tresen des Ausschanks.

Ohne daß er seine lange Jacke auszog, kippte er den eben erst georderten Raki hinunter. Und noch bevor die Bedienung ihm auf einem kleinen Teller die übliche „Meze" reichen konnte, bezahlte er auch schon und verließ das „Tan".

Als er wieder auf dem Bürgersteig stand, leuchtete ihm verheißungsvoll die Moravia-Leuchtschrift über dem Eingang der Bierstube vom Kötnerholzweg entgegen.

Nachdem die Kneipentür hinter ihm sachte ins Schloß gefallen war, er seinen Dufflecoat aufgeknöpft und ihn die Handvoll Gäste oberflächlich gemustert hatte, verzog er sich, über die Theke hinweg ein Bier bestellend, rechts vom Eingang an den hintersten Tisch in der Ecke.

In einer von Bier beseelten Gleichgültigkeit saß dort Herbert, der Maler. Seit mehreren Stunden hatte er sich in einer Art Weltflucht an diesen Tisch verkrochen und sprach mit sich selber. Hin und wieder konnte man Worte wie „Malkasten", „Luftmalereien", „Künstlerklause", „Schwalenberg" und anderes Ungereimte vernehmen. Doch niemand interessierte sich für sein Gebrabbel. Umständlich rückte er einen Stuhl an den Tisch heran, doch Herbert, der Maler, nahm keinerlei Notiz von ihm.

Mit einem großen Schluck aus dem schnell servierten Bierglas spülte er den anhaltenden Rakigeschmack hinunter. Seitdem hockte er zusammengesunken und stumm auf seinem Stuhl.

Dem endlosen Selbstgespräch von Herbert schenkte er keine Aufmerksamkeit mehr, und der rauhe Ton, der an der Theke herrschte, drang kaum in sein Bewußtsein.

Auf halbhohen roten Plastikhockern an der Theke sitzend, die mit einer bunten Lichterkette geschmückt war, würfelten Linse, Friese und Schnecke mit dem schönen Edwin. Lärmend und unter rüden Sprüchen knobelten sie um die dritte oder vierte Thekenrunde Grog, „...weil Heiligabend ist und das Wetter draußen so saumäßig", sagten sie.

Den schönen Edwin plagte eine Erkältung. Dauernd lief seine Nase, kaum konnte er mit den unzähligen Tempotüchern Herr der Lage werden. Zusätzlich, so gab er der Allgemeinheit kund, kratze sein Hals wie verrückt, und er habe ganz gemeine Schluckbeschwerden ... Mitleid heuchelnd, riet ihm Schnecke, tüchtig mit „Racke Rauchzart" zu gurgeln. Vortrefflich würden im Handumdrehen auch ein bis zwei „Rheila" helfen, oder er müsse, wie der böse Wolf, Kreide vom Krämer essen, obschon, die Stimme vom schönen Edwin klänge doch immer so wie ein greulich altes Reibeisen!

Sofort brauste der schöne Edwin auf: „Witzbold, blöder! Paß bloß auf! Und laß mal besser deine Sprüche!"

Der Geldspielautomat am anderen Ende der Theke spuckte gerade ein paar Groschen aus, doch niemanden kümmerte es. Durch die gefärbten Fensterscheiben drang matt das von Zeit zu Zeit wechselnde Farblicht der unmittelbar vor dem Haus stehenden Verkehrsampel ...

Er besah sich, nachdem er zwei, drei Mal zerstreut an seinem Bier genippt hatte, seine Hände, und seine Gedanken wanderten zu Venne Spohrmann. Was wohl aus ihm geworden war?

Diesem Gedanken nachhängend, starrte er abwesend in die Flamme des Kerzengestecks, das mit drei Tannenzapfen lieblos zusammengebunden vor ihm auf dem Tisch stand.

Unerwartet tat sich mit einem kräftigen Ruck die Eingangstür zur Bierstube auf. Vom naßkalten Luftzug getragen, wehten vereinzelte Schneeflocken herein. Im selben Moment waren überdeutlich die durch den Winterabend klingenden Glocken von Sankt Benno zu hören.

Das lautstarke und hitzige Knobelspiel erstarb auf der Stelle, und alle Augen wandten sich erwartungsvoll der offenstehenden Tür zu, in der eine junge Frau, gekleidet mit einer dunkelblauer Uniform, erschien.

Nach einem kurzen Augenblick der Verblüffung bemerkte der schöne Edwin: „Sieh mal an! Wer schneit uns denn da in die traute Hütte? Ach du grüne Neune – die Heilsarmee stattet uns einen Hausbesuch ab. Das hat uns heute gerade noch gefehlt! Schätzchen, mach ruhig die Tür wieder zu, hier sind keine Seelen zu retten! Außerdem gefriert unser Grog im Glas durch den naßkalten Luftzug von der Straße!"

Sogleich pflichteten die anderen Gesellen dem schönen Edwin durch ein alberndes Lachen bei und stießen sich gegenseitig an.

Aber die Salutistin ließ sich nicht beirren. Sie schaute die fünf Männer ernst und gelassen an, stellte sich mit dem Rücken an die weitgeöffnete Tür und machte mit ihrem Kornett ein Zeichen nach draußen. Dann setzte sie das blanke Instrument an die Lippen.

Und schon erklang ein vielstimmiger Bläserchor: „Macht hoch die Tür, die Tor macht weit, es kommt der Herr der Herrlichkeit."

Vorerst noch scheinbar unbeteiligt herumwitzelnd, zugleich lauthals für eine neue Runde Sorge tragend, konnten sich die Männer an der Theke dennoch nicht den Klängen der weihnachtlichen Musik verschließen.

Als dann jeder erneut ein dampfendes Getränk vor sich stehen und einen winzigen Schluck aus dem Glas genommen hatte, verstummten sie ohne Ausnahme. Die Musikgruppe der Heilsarmee hatte inzwischen „Tochter Zion" angestimmt. Kindliche Verlegenheit machte sich breit, und in sich gekehrt hörte jeder den Weisen zu.

Nach dem Verklingen der Instrumente, als die Uniformierte sich den Männern wieder zuwenden wollte, platzte der schöne Edwin wortführend in die kurzzeitig eingetretene Stille hinein und meinte mit gekünstelt klingendem lästerlichen Tonfall, daß ihm nun keiner mit einem blödsinnigen Handzettel oder der Sammelbüchse unter die Augen kommen sollte – er habe diese Musik nicht bestellt. Und – „Schätzchen, auf die Tränendrüse braucht bei mir auch keiner zu drücken. Diese Tour kommt bei mir sowieso nicht an!" Damit pustete er kräftig in sein Grogglas und trank vorsichtig einen Schluck. „Außerdem – den Verkauf des ‚Wachtturms' oder was auch immer kannst du dir heute abend selbstredend schenken. Wir sind sowieso genauestens im Bilde. Nichts für ungut, meine Teuerste, bei uns ist also nichts zu holen und Bekehrung zum besseren Seelenheil – nein danke! Absolute Fehlanzeige! Wer auf Erden schon keinen Spaß hat, hat ihn mit Bestimmtheit auch nicht im Himmel! Und im höllischen Fegefeuer läßt es sich mit meinen Gefährten gut leben, oder nicht ...!?" Beipflichtend erklang höhnisches Gelächter, und weitere lose Sprüche schlugen in die gleiche Kerbe.

Von dem gehässigen Wortschwalls unbeirrt, hatte die nach wie vor in der Tür stehende Salutistin ein kleines Büchlein aufgeschlagen und las jetzt mit freudig klarer Stimme aus ihm vor: „Nun jauchzet dem Herren aller Welt, kommt her, zu seinem Dienst euch stellt; dies ist die Nacht, da mir erschienen in der Erden Dunkelheit Immanuel, das hehre Licht der Welt. Kommt mit Frohlocken, säumet nicht, kommt vor sein heilig Angesicht!"

Während die Heilssoldatin den herumblödelnden Männern an der Theke mit fester Stimme die weihnachtliche Botschaft verkündigte, hatte er sich in der hinteren Nische von seinem Platz erhoben, sich linkisch über den Mund gewischt und war, völlig unbeachtet von allen anderen, schweigend an die Uniformierte herangetreten.

Aus seiner Jackentasche zog er das Mundstück hervor, bückte sich und hob das auf der schmalen Steinstufe stehende Blasinstrument auf. Alsdann tauschte er die Mundstücke aus, besann sich einen winzigen Augenblick, setzte das Kornett an den Mund und blies mit eindrucksvoller Innigkeit durch die Tür hinaus auf die Straße: Stille Nacht, Heilige Nacht!

Vielfach brach sich der klare Klang des Kornetts an den umliegenden Häuserfronten.

Heiliger Abend; es war wohl zu der halben Nacht. Nasse Schneeflocken fielen auf die Erde nieder ...

Siebte Episode

Beinahe jeden Tag die gleiche Begegnung. Stets die gleiche Vorgehensweise und jedesmal beharrlich der gleiche stupide Satz. Ohne Betonung, in einem eigenartig genuschelten Singsang schnurrte er seinen Spruch gegen jedermann herunter: „Hastemal'neMarkschönenTagauch".

Zwischen „'neMark" und der „Schönen Tag"-Empfehlung war nicht die geringste Spur einer abwartenden Pause eingefügt. Gänzlich frei von Satzzeichen war sein Text; in dieser heruntergeleierten Anfrage fehlte sowohl das Fragezeichen als auch das Ausrufungszeichen.

Seit etlichen Monaten war sein Stammplatz die Ihmepassage in der Nähe des großzügig gehaltenen Haupteingangs zu den hannoverschen Stadtwerken – zumindest in den ersten Morgenstunden, da er dann annehmen konnte, daß die zahllosen Büroangestellten, die im Ihme-Zentrum ihrer Arbeit nachgingen, vorübereilten.

Bis ungefähr elf Uhr stand er, der mit einem abgewetzten, vormals wahrscheinlich grünen Anorak und einer schäbigen Kappe bekleidet war, an diesem Platz und wiederholte ständig seinen Satz.

Während er den Spruch herunterschnurrte, hielt er dem Angesprochenen fordernd einen Pepsi-Cola-Pappbecher entgegen. Anschließend wandte er sich sogleich dem nächsten Passanten zu.

Später verlegte er seine Aktivitäten hinüber auf die andere Seite der Ihme. Zur Mittagszeit stand er dann schräg gegenüber vom Leineschloß und vom alten Rathaus am Eingang der städtischen Markthalle. Dort suchte er um diese Stunde Geldgeber in den zahlreichen Besuchern, die aus den Büros, Praxen, Kanzleien und Geschäften der unmittelbaren Nachbarschaft auf einen Sprung in die Markthalle herüberkamen, um an einem der Stände rasch einen Happen zu speisen.

Ich vermute, daß er irgendwo in Linden lebte. Jedenfalls sprach er mich werktags auf meinem Weg vom Küchengarten durch das Ihme-Zentrum in die Innenstadt immer wieder mit seinem dahingeleierten Standardsatz „Hastemal'neMarkschönenTagauch" an.

Nicht aufdringlich, eher resignierend zurückhaltend und von vornherein überhaupt nichts erwartend.

Und – obwohl ich ihm noch niemals jene besagte Mark gegeben hatte, wurde er nicht müde, auch mich Tag für Tag aufs neue zu fragen: „Hastemal'neMarkschönenTagauch"...

In den ganz seltenen Fällen, in denen ich nicht auf ihn traf, er also nicht an seiner morgendlichen Stammecke in der Ihmepassage stand, war ich auf irgendeine Weise beunruhigt. Nicht, daß mir diese Konfrontation mit dem so oft gehörten Satz fehlte; nein, aber ich war daran gewöhnt. Und insgeheim machte ich mir Gedanken über sein Ausbleiben. Ich malte mir sogleich Schreckensbilder aus. Womöglich hatte er sich in den letzten Tagen an diesem recht zugigen Ort eine Erkältung eingefangen, lag vielleicht elendig danieder?! Eine mitfühlende Hilfe, die sich sorgend um ihn kümmerte, war wohl kaum zu erwarten, und die nötigen Geldmittel, um aus einer der nahen Apotheken eine lindernde Medizin zu besorgen, besaß er nicht ...

Wie viele andere Passanten, die allmorgendlich im Ihme-Zentrum den Geschäften und Büros zustrebten, hatte auch ich ihm jene geforderte Mark gedankenlos vorenthalten. Mein Gott, und nun lag er erbärmlich fiebernd auf seinem Lager und war aufgrund seiner Armut nicht in der Lage, sich ordentlich zu kurieren, um wieder auf die Beine zu kommen. Zwar war dieser Gedanke einfach albern und gänzlich lächerlich; doch immerhin, einige klitzekleine nagende Gewissensbisse machten sich bei mir an den Tagen seiner Absenz deutlich bemerkbar.

Wenn ich ihn an einem der folgenden Tage dann wieder an seiner üblichen Stelle stehen sah, er einem Vorübereilenden seinen Satz „Hastemal'neMarkschönenTagauch" aufsagte, fiel mir ein Stein vom Herzen. Meine ihm vorenthaltene Mark hatte ihm also nicht gravierend in seinem Auskommen gefehlt.

Vermutlich war er auch nicht krank gewesen, denn er sah wie das blühende Leben aus. Wahrscheinlich hatte er nur ein paar Tage ausgesetzt, war aufs Land hinausgefahren, hatte eine Tante oder einen Onkel besucht und eine Ruhepause eingelegt. Und ich machte mir Sorgen über sein Verbleiben – das war schlicht kindisch!

Auf der anderen Seite ging er mir geradeheraus gesagt ziemlich auf die Nerven. Vor allem auch deshalb, weil es inzwischen im Stadtbereich etliche gab, die diese Masche pflegten, um an Geld zu kommen.

Eines schönen lichtblauen Morgens – es war mein Geburtstag – war ich wieder auf dem Weg in die Innenstadt. Es spannte sich ein

Firmament über Linden. Die Sonne lachte nach Herzenslust vom Himmel, an dem einige federleichte Wolken in aller Beschaulichkeit gen Westen zogen. Die Luft zwischen den Häuserfronten war klar, und alles gab sich wie nach einem gründlichen Frühjahrsputz.

Ich hatte den Eindruck, daß die Leute, die sich an diesem lieblichen Frühsommermorgen zufällig auf der Limmerstraße trafen, wesentlich freundlicher miteinander umgingen als an anderen Tagen des Jahres. Man wechselte gutgemeinte Morgengrüße; keine der hin- und herfahrenden Stadtbahnen ließ ihr nervenaufreibendes Signal ertönen, weil ein Autofahrer versuchte, rückwärts in eine enge Parklücke zu stoßen. Nirgends lagen zerfledderte „Hallo am Sonntag"-Blätter oder buntbedruckte Reklameschriften auf den Bürgersteig.

Die „VorOrt"-Ausgabe steckte bereits ordentlich verteilt in den Hausbriefkästen. Nicht ein einziger Hund hinterließ etwas auf dem Gehweg. Nirgendwo verschandelten groteske Graffitikritzeleien die Hauswände, und nicht ein einziges wahllos geklebtes Plakat, das den Papst ultimativ zum Übertritt in den Islam aufforderte, flatterte im sanften Morgenwind. Deutlich waren die Singstimmen der Amseln in den blühenden Kastanienbäumen zu vernehmen, und das Acht-Uhr-Glockengeläute der Benno-Kirche erklang in göttlichster Harmonie. Sämtliche Dinge waren zu dieser Stunde in Linden geordnet. Zweifelsohne ein fabelhafter Morgen. So konnte ihn nur der himmlische Schöpfer einrichten.

Von Limmer über die Fösse kommend, ging ich gut gelaunt durch die Limmerstraße in Linden. Mein Herz hatte sich weit geöffnet, und ich genoß diese herrliche Morgenstimmung in dem so lebendigen Stadtteil.

Gerade kam mir der Linienbus vom Mühlenberg Richtung Ahlem entgegen. Auf meiner Höhe hupte es unversehens, und ich sah, daß der Bus von meinem Freund Wolfgang gelenkt wurde.

Als ich Augenblicke später am Freizeitheim die Ecke der Windheimstraße passierte, stand „Schorse", der Grieche, vor seinem Pub und rief „Kalimera" über die momentan verkehrsarme Limmerstraße herüber. Kaum, daß ich seinen Gruß erwidern konnte, sprach mich ziemlich aufgelöst eine charmante Dame an. Es sei ihr sehr peinlich, aber dort auf dem Parkplatz vorm Freizeitheim stände ihr kleiner Wagen. Das von ihrer Tochter entliehene Auto ließe sich um nichts aus der Parklücke bewegen. Sie fände bei dem Vehikel den Rückwärtsgang nicht. Alles habe sie bereits versucht! Ob ich sie nicht netterweise aus dieser scheußlichen Misere befreien könnte, denn sie habe einen dringenden Termin ...?!

Sogleich erweckte sie in mir den Kavalier. Ich setzte mich in den flotten Kleinwagen und drückte, die Sperre geschickt überwindend, den kurzen Schalthebel in die Position des Rückwärtsgangs, und schon rollte das Auto anstandslos aus der Parklücke. Ich überließ der Dame das Steuer, und überglücklich brauste sie von dannen.

Erst jetzt kamen mir erhebliche Bedenken; was, wenn das Auto der Dame nicht gehörte und sie es mit meiner freundlichen Unterstützung vom Parkplatz entwendet hatte? Ach was! Mit einer vagen Handbewegung tat ich diese Erwägung ab, schaute mich aber trotz allem um, ob jemand diesen Vorgang mitbekommen hatte ...

Wenig später nickte mir der kleine Chinese aus seinem Kiosk aufmunternd zu. Hatte er mich beobachtet? Unsicher schaute ich ihn an, als mich Ingmar Hampe ansprach, der sich mit dem Tagesbedarf an frischen Brötchen für sein Fischgeschäft am Schmuckplatz eindeckte. Nachdem wir uns gegenseitig eines „Guten Tages" versichert hatten, ging ich, den Vorfall mit dem Auto verdrängend, weiter die Limmerstraße entlang.

Im Schaufenster des Buchladens lag neben dem „LindenLimmer-Buch" von Johnny Peters und Wilhelm Hauschilds „Linden 1930 – 1980 II" auch „Linden – eine wahnsinnige Geschichte" vom TAK-Verlag aus, in dem ich gestern noch geschmökert hatte und micht die auf dem Lindener Berg abgeschlossene Wette für's Jahr 2015 amüsiert hatte ...

An der Hofeinfahrt zur Lindener Energie-Werkstatt begegnete ich dem rührigen Hauseigentümer Borchers und unserem Gemeindepastor von der nahegelegenen Bethlehemskirche. Dazu gesellte sich nach kurzer Zeit noch Herr Bitter. Schnell entspann sich ein Gespräch, aus Zeitmangel mußte ich mich dann nach einer kleinen Weile verabschieden.

Beim Tagescafé Nicoletta erklang ein höfliches „Buon giorno!", und der Inhaber Hahn vom Sanitärgeschäft Scharg, der dort am Tisch beim Kaffee saß, nickte mir, freundlich zu. Emsige Postboten schwärmten im Stadtteil aus. Keine Spur von den „schrägen" Vögeln, die sonst immer an der Ecke Kötnerholzweg bei der stilisierten Pferdekutsche saßen, um ihren täglichen Alkohol zu konsumieren.Beim türkischen Bäcker an der Ecke roch es vorzüglich nach frischgebackenem Brot, und die zahlreichen Gemüsehändler boten rechts und links der Limmerstraße ihre Waren an. Viele Frisörsalons erwarteten zu dieser Uhrzeit bereits ihre Kundschaft, und die etlichen Trinkhallen wurden mit Getränken versorgt. Einen Katzensprung weiter, an der Ecke Kötnerholzweg, schaltete gerade im rechten Moment die Fußgängerampel zuvorkommend auf Grün, so daß ich ohne lästiges Warten die Straße überqueren konnte.

Auf der anderen Straßenseite begegnete ich Meister Supper, der zu seinen Bildhauer- und Restaurationsarbeiten ins Atelier strebte.

Nach einem kurzen Plausch trennten wir uns, und ich ging in die kleine Postfiliale, um einige Sondermarken zu erstehen, die heute ihren Erscheinungstag hatten. Am Schalter bediente mich Rolf Harre. Sogleich teilte er mir mit, daß man munkelte, diese Poststelle in nächster Zeit zu schließen. Aber noch sei er zuversichtlich, und er reichte mir in dieser Sache eine Unterschriftenliste.

Kurz darauf zwinkerte mir der Kassierer der Stadtsparkasse zu. Auf der Stufe zum Modehaus Kurz & Sohn lag besitzergreifend der Hund vor der Geschäftstür, und bei Tiemanns Blumenladen bot mir der Geschäftsinhaber Bock, einen mächtigen Blütenstrauß aus seinem Lieferwagen nehmend, „einen schönen guten Morgen!".

Auf Höhe der Haltestelle Leinaustraße kam mir der recht aufgeräumt erscheinende Lindener Kontaktbeamte vom Polizeirevier Gartenallee entgegen und tippte grüßend an die Mütze. Aus dem geöffneten Fenster des Musik Ateliers in der Nebenstraße klangen die Klavierübungen „Der lustige Landmann" herüber. An Wolffs Laden, wo ich auf den verschmitzt lächelnden Kohlenhändler Oppermann traf, überflog ich schnell die Schlagzeilen der wichtigsten Tageszeitungen: Nirgends stand irgend etwas von Verbrechen oder Krieg; der Ölpreis pro Barrel sank erstaunlicherweise; keinerlei Eskapaden des Ernst August von Hannover; nicht die Spur von Schimpftriaden über den bevorstehenden Aus- und Umbau der Limmerstraße zu einer Fußgängerzone, und der SV Verl hatte gegen Ricklingen in einem Relegationsspiel haushoch überlegen gewonnen. An der alteingesessenen Fleischerei Gothe warb eine aufgestellte Kreidetafel, feinsäuberlich beschriftet, für schmackhaftes Fleisch aus Deutschen Landen. Im Durchgang zwischen der „Andrea"-Apotheke und dem „Toblerone"-Wohnblock kam mir der Kunstmaler U. Barth entgegen. Wir wechselten ein paar Worte über seinen Kollegen Georg Baselitz ...

Wie beinahe jeden Morgen standen beim HL-Markt zwei Zeugen Jehovas und hielten mir stumm den „Wachturm" entgegen. Während ich einen flüchtigen Blick in die Auslage bei Tchibo tat, wurde der Papier- und Kopierladen von der netten Chefin geöffnet, und die Malergesellen, die das Haus „Limmer Zehn" strichen, pfiffen einen Gassenhauer.

Vorm Bistro „Jacqueline" mühte Francesco sich ab, ein provokatives Plakat der PKK – „Abdullah Öcalan öz gürlük! KADEK" – von der Hauswand zu entfernen. Als er mich kommen sah, ließ er Plakat Plakat sein und gratulierte mir in sizilianischer Manier überschwenglich zum Geburtstag: „Buona fortuna! Auguri! Ricordati: e sempre meglio un uovo oggi che una gallina domani!".

Gegenüber an der „Lindener" Apotheke begutachtete der kunstsinnige Apotheker an seinem Haus das neu entstandene, mit vielen kräftigen Farben durchsetzte Wandgemälde.

Jawohl, es war eine reine Herzensfreude, die Limmerstraße entlangzugehen. Ich fühlte mich so recht von allen Menschen verstanden, jedenfalls an diesem Tag ... –

Doch dann die ersten Mißtöne. Bereits seit Wochen gab die Normaluhr eine völlig absurde Tageszeit kund. Die zur Brückenanbindung des Ihme-Zentrums hinaufführende Rolltreppe war durch ein unbefugtes Bedienen des Nothalts blockiert und verweigerte mir somit ihre Funktion. Also mußte ich mich zu Fuß hinaufbequemen.

Zu allem Überfluß kreuzte noch ein schwarzes Katzentier meinen Weg. Eigentlich war ich nicht abergläubisch, aber ...

Im gleichen Augenblick ertönte nervtötend die schrille Glocke der ÜSTRA-Bahn. An der Kreuzung Fössestraße blitzte der polizeilich angebrachte „Starenkasten" zweimal grell auf. Brutal quietschten Reifen auf dem Asphalt. Benzingeruch lag aufdringlich in der Luft. Lärmend preßte ein Sperrmüllfahrzeug ein Kinderbettchen in sich hinein. Von dem Lindener Brauereigelände erklang dumpf der massive Aufschlag der Abrißbirne. Das Hinweisschild der „Butjer-Route" war häßlich überschmiert. Graffitisprühereien verunstalteten immer noch die metallene Großkunst vor dem „TAK". Und auf den Bänken des Küchengartenplatzes saßen bereits die ersten Gewohnheitstrinker, von einem großen Schwarm Tauben und einer reichlichen Anzahl von Plastiktüten umgeben, müßig in der Sonne. –

All diese unerfreulichen Eindrücke trübten mir den Tag für einen Moment, doch nachher, als ich die Betonklötze des Ihme-Zentrums erreichte, war ich wieder einigermaßen frohgemut und im Einklang mit des Schöpfers Morgen.

Dann, wie konnte es anders sein, traf ich auf ihn. Kaum war ich in seinem Gesichtsfeld angelangt, schnurrte er bereits seinen mir hinlänglich bekannten Satz „Hastemal'neMarkschönenTagauch" herunter.

Ich war heute in Geberlaune, und warum sollte so ein armer Hund nicht teilhaben an meinem Wiegenfesttag?

Also zückte ich kurzerhand mein Portemonnaie und drückte ihm ein blankes Zweimarkstück in die Hand; dazu wünschte ich ihm, der vor Verwunderung kaum die Hand mit dem Pappbecher vorstreckte von Herzen „Einen schönen Tag!"

Anschließend ging ich, nun wieder richtig gut gelaunt, weiter und erfreute mich im Stillen an meiner noblen Freigebigkeit. Ich war mir sicher, daß das heute angebracht war. Tat mir dieser blanke Taler weh? Ach was, überhaupt nicht!

Selbstredend würde ich das nun nicht jeden Tag so handhaben. Es sollte auch für ihn eine Besonderheit sein. Zufrieden mit mir selbst, summte ich leise den alten Beatles-Titel „Penny Lane" vor mich hin.

Knappe zwei Stunden später traf ich mich im „Bauch" der Landeshauptstadt mit einigen meiner Freunde beim Italiener „auf einen Cappuccino". Dazu spendierte ich ein Tablett mit Gorgonzola-, Arrosto- und Mortadella-Brötchen.

An sich wollte ich von meinem Geburtstag nicht viel Aufhebens machen; außerdem mußten meine Freunde arbeiten und hatten demgemäß nur wenig Zeit übrig. Aber da der Termin nun einmal unter ihnen bekannt war und ich mich nicht lumpen lassen wollte, trafen wir uns auf eine halbe Stunde in der hannoverschen Markthalle bei „Gigi" zu diesem verspäteten Frühstücksimbiß.

Obwohl noch keine Mittagszeit war, herrschte in den Gängen der Markthalle bereits ein recht lebhaftes Treiben. Trotzdem bekamen wir noch ein recht nettes Plätzchen am Stand von „Gigi" und genossen Cappuccino, Panino imbottito und die vitale Betriebsamkeit um uns herum ...

Die Zeit verstrich; bald schaute der eine oder andere bereits verstohlen auf die Uhr und verabschiedete sich wenig später. Binnen kurzem stand ich alleine am Stehtisch, vor mir das leere Tablett sowie die geleerten Tassen. Während „Gigi" umsichtig das Geschirr abräumte, erbat ich mir noch einen Cappuccino mit extra viel Kakaopulver auf der aufgeschäumten Milchhaube.

Prego! Schon hatte Gigi den Cappuccino auf den Stehtisch gezaubert. Trotz nun aufkommenden Zeitdrucks trank ich den hervorragenden italienischen Kaffee in aller Ruhe und beobachtete das Treiben um mich herum.

Und plötzlich erblickte ich dann gänzlich unvermutet ihn, der am bayrischen Verkaufs- und Imbißstand „Bei Lotti" stand.

In aller Gemütsruhe stützte er sich auf einen der weißblau gedeckten Stehtische und konsumierte zu meiner größten Verwunderung ein üppiges Mahl. Es war noch nicht einmal elf Uhr.

Vor ihm stand ein appetitlich angerichteter Teller mit einem halben Dutzend Nürnberger Bratwürstchen, ein Stück köstlich krosses Geselchtes, leckere Speckkartoffeln garniert mit Weißkrautsalat sowie ein Glas dunkles Weizenbier ...

So ließ es sich offenbar gut leben ... Und ich hatte mir noch wenige Tage vorher, als ich ihn nicht in der Ihmepassage antraf, lebhafte Sorgen über seinen Verbleib gemacht!

Ich verharrte noch eine Weile in Gedanken, dann ging ich zum Standtresen hinüber und verlangte von „Gigi" die Rechnung. Gleich hatte er die Beträge auf einem Block addiert und teilte mir die Summe mit. Entschlossen zückte ich mein Portemonnaie und wollte ihm das Geld abgezählt auf den Tresen legen, während er sich einem anderen Kunden zuwandte.

Scheine und Münzen zusammensuchend, mußte ich plötzlich feststellen, daß mein Geld nicht ganz reichte. Mir fehlten ausgerechnet zwei Mark an der Summe der ausgestellten Rechnung. War es denn möglich?!

Nochmals krempelte ich meine Geldbörse um. Doch das Ergebnis blieb letztendlich unverändert; zwei Mark fehlten.

Meine Freunde waren längst wieder bei der Arbeit. Niemand konnte mich auslösen. Und anschreiben bei „Gigi" – nein, die Blöße wollte ich mir keinesfalls geben.

Mit einer fadenscheinigen Begründung gab ich „Gigi" Bescheid, gleich wieder zurück zu sein, eilte zur benachbarten Stadtsparkasse und hob Geld vom Konto ab.

Wenige Augenblicke später verließ ich mit einem gut gefüllten Portemonnaie die Kassenhalle, um schleunigst meine Schulden in der Markthalle zu begleichen.

Kaum war die gläserne Automatictür der Sparkasse hinter mir zugefahren, empfing mich die blendende Helligkeit des sonnigen Tages, so daß ich nahe der bronzenen Figur der Markfrau aus Lindhorst einen Moment blinzelnd innehielt. Sogleich ertönte seitlich von mir der vertraute Singsang des Satzes „Hastemal'neMarkschönenTagauch" ...

Das Ansinnen galt wohl mir; ich aber strebte eiligst hinüber in die Markthalle strebte, um die Geldschuld meiner kleinen Geburtstagsfeier bei „Gigi" zu begleichen.

Achte Episode

Johannistag; einer jener traumhaften Sommerabende war in seiner sanften Ausgewogenheit von abklingender Hitze und aufkommender Stille im Begriff, sich behäbig über die Stadt und das nach Süden liegende Calenberger Land zu senken.

Zwischen dem ausladenden Blätterdach der Kastanienbäume blitzte hier und da das noch lichte Firmament durch, an dem mehrere Flugzeuge ihre schnurgeraden Kondensstreifen gezogen hatten und in dessen Weite ganz vereinzelt Schönwetterwolken dahinsegelten.

Die Luft duftete betörend nach Lindenblüten. Hin und wieder trug ein warmer Windhauch den stark gedämpften Verkehrslärm der Stadt herauf; dennoch hatte man hier oben auf dem Lindener Berg, wo Feldherr Tilly mit seinen Truppen stand, um die Stadt am Hohen Ufer zu erobern, ein uneingeschränktes Gefühl von Weltenferne. Die blutigen Scharmützel mit dem „Deutschen Michel" während des Dreißigjährigen Krieges lagen im Dunkel der Geschichte ...

Abendzeit – den Tag geruhsam ausklingen lassend, saß ich hier unter den Bäumen im lauschigen Turmgarten an der Lindener Bergmühle, der höchsten natürlichen Erhebung im direkten Umkreis.

Vor mir stand ein frisch gezapfter halber Liter Wilkenburger im Glasseidel. Mochte die anstrengende Woche nun entschwinden! Hinter mir der Tag und vor mir die Nacht! Ach, wäre nur ein Zaubermantel mein! Und trüge dieser mich weit fort in unbekannte Ferne ...

Aber auch der Lindener Berg mit dem abgeschiedenen und gastlichen Biergarten unter den Bäumen war ein recht angenehmes Fleckchen, an dem man beim Bier getrost die Seele baumeln lassen konnte.

Anbrechender Sommerabend; langsam füllten sich die bereitstehenden Bierbänke und Tische im lauschigen Rund mit „echten Bergfreunden"; hier und dort wurden kühle Getränke und schmackhafte Hausmannskost aufgetragen, und hin und wieder erklang ausgelassenes Lachen.

In offener Formation jagte ein Schar Mauersegler über den nahen Wasserbehälter hinweg. Aus den zahlreichen dichten Hecken und Sträuchern der ringsum liegenden Gärten war der ergötzliche Abendgesang zahlreicher Amselvögel zu hören ...

Seit einiger Zeit fielen mir, der noch allein auf einer Bank beim Bier hockte, zwei eigenartig gekleidete ältere Männer auf, die drüben, einen Katzensprung weit entfernt an einem Tisch mit Sicht auf das ehemalige Fabrikgelände der Hanomag saßen.

Von dem Platz aus, so wußte ich es, konnte man über die am Hang liegenden Gärten hinweg ohne große Mühe die noch bestehenden alten Werkhallen der Hanomag und den Lindener Bahnhof „Fischerhof" sehen.

Im Dunst des dahinscheidenen Tages ließ sich sogar die sanfte Hügelkette des Deisters sowie die vorgelagerten Abraumhalden des Kalibergbaus in Weetzen ausmachen. Und auch das im Südosten unter dem Hermesturm liegende Expo-Gelände bot sich mit der Postbox und den anderen herausragenden Nationenpavillons den schweifenden Blicken da.

Die Aufmachung der beiden Männer war – selbst unter Berücksichtigung der heute geltenen modischen Freiheit – sehr eigenwillig. Indes – es gab zu manch anderer Stunde während der CeBit und sonstiger Messen ein ebenso kurioses Publikum drunten in den Lindener Gast- und Wirtshäusern. Doch die beiden wirkten auf mich, als seien sie nicht aus unserer Zeit ...

Vor ihnen auf dem Tisch standen zwei Krüge Bier, und dem Anschein nach waren sie in eine angeregte Konversation vertieft.

Neugierig geworden, rückte ich, soweit es mir unauffällig möglich war, näher zu ihnen hinüber und versuchte angestrengt, etwas von ihrer Unterhaltung aufzuschnappen.

Von einem ehemaligen Feldprediger, einem Dorfpfaffen, an den man ein Schreiben gerichtet hatte, war die Rede ...; von fehlendem Respekt gegen die hohen Häupter und Landstände ...; von der allgemeinen, elementaren und rechten Würde der Menschen in allen Schichten und Ständen.

Starker Tobak, weiß Gott – zumindest gegenüber denen, die jenseits des Leineflusses, auf der anderen, der Herrenhäuser Seite standen, wo „von herzen gelacht wurde über die schöne predigt vom dorfpfaff" und die ... überdies ja nur mit dem Fährkahn zu erreichen war.

Dann setzten die beiden Männer sich mit Ferdinand Lassalles Theorie des „ehernen Lohngesetzes" und seinen Forderungen in bezug auf die Lohnarbeiterschaft auseinander.

Sie kamen auf patriarchalische Verantwortung und verpflichtende Fürsorge eines expandierenden Unternehmers gegenüber seiner Arbeiterschaft zu sprechen: Konstruktives industrielles Wirken unter sozialer Einbindung der Volksklasse sowie aller Werkschaffenden des Betriebes an der Schwelle einer neuen Epoche. Diese elementaren Zeichen einer neuen Zeit waren eindeutig zu erkennen; wer sie sehen wollte, konnte sie sehen ...

Die beiden Herren verhielten sich augenscheinlich, als besprächen sie enorm aktuelle Themen, und ich schwankte mit meiner Meinung, ob es sich bei ihnen um Professoren der hannoverschen Universität oder um Journalisten handelte, die sich mit den Produktionsformen, der Gesellschaft und den soziologische Strukturen in Abhängigkeit des 19. Jahrhunderts beschäftigten ...

Ich gönnte mir ein weiteres Wilkenburger im Glasseidel und genoß die Abendstimmung im Biergarten. Doch schon bald wanderten meine Blicke und mein Interesse wieder hinüber zu den zwei absonderlich wirkenden Herren am Biertisch in meiner Nachbarschaft.

Gerade prosteten sie sich sehr gesittet zu. Als sie meine indiskreten Blicke gewahrten, bezogen sie mich bereitwillig ein. Sogleich mein Seidel erhebend, nickte ich ihnen ebenfalls zu – Wohlsein!

Plötzlich lag ein röhrendes Brummen wie von aufgebrachten Hornissen in der Luft, das sich unaufhaltsam näherte. Kurz darauf drängten unter großem Lärmen mehrere Motorradfahrer auf den kleinen Parkplatz der Turmschänke.

Nachdem sie ihre Maschinen abgestellt und ihre Helme gelüftet hatten, unterhielten sie sich lautstark über die zu erwartende Erfrischung und die schmackhafte Kost aus den Töpfen und Pfannen der vorzüglichen Mühlenküche. Nach einer Tour über den Nienstedter Paß wollte man sich hier stärken.

Kurzzeitig unterbrachen die beiden Männer ihre angeregte Unterhaltung und blickten verwundert auf die Gruppe der Neuankömmlinge im Lederzeug. Der eine schien sehr angetan von den auf Hochglanz gebrachten Motorrädern. Der andere musterte mit Unverständnis die kompakten Chrompakete und sah in ihnen eher die Eskamotage und das Blendwerk des Teufels. Seinem Mienenspiel zufolge, wuchs in ihm offensichtlich die Ablehnung gegen solch eine betisische Mystifikation des Leibhaftigen.

Sein Nachbar legte ihm jedoch sachte die Hand auf den Arm und sprach begütigend auf ihn ein. Zögerlich wandte er seinen Blick von den bulligen Zweiradfahrzeugen ab, schüttelte den Kopf, nahm seinen Krug zur Hand und trank einen tüchtigen Schluck. Langsam kam das Gespräch der beiden Männer wieder in Gang.

Die Zwei interessierten mich mittlerweile so sehr, daß ich mich aus dem Augenblick heraus entschloß, ihre private Sphäre zu durchbrechen. Ich war es überdrüssig, ihrem Gespräch nur aus der Entfernung zu lauschen.

Kuzerhand stand ich von meiner Bank auf, nahm mein Bierseidel samt Bierdeckel, ging hinüber an ihren Tisch und erfragte mir höflich ihre Gesellschaft.

Nach kurzem Mustern meiner Person machten sie eine einladende Geste und baten mich, Platz zu nehmen. Der etwas eleganter gekleidete, untersetzte Herr erhob sich alsdann und sagte, daß es wohl im Sinne des „Bredenbeckers" sei, daß man sich gegenseitig vorstelle.

Mit einer Handbewegung wies er auf seinen Nachbarn und teilte mir mit, daß es sich bei dieser überaus geschätzten Person um den „dominus sacerdos de Lembere" Jakobus Sackman handele. Er selbst hingegen sei der Sohn vom „Kalkjohann" Egestorff, Georg Egestorff, seines Zeichens Unternehmer in Linden.

Im Anschluß daran legte er eine bedeutsame Pause ein und meinte als er meine große Verblüffung bemerkte, ihr Auftreten zu dieser Zeit hätte keine besondere Bedeutung. Man nähme diesen wahrhaft vortrefflichen Sommerabend einfach zum Anlaß für ein sittsames Wiedersehen auf dem Lindener Mühlenberg, der beiden hinlänglich als markanter Ort bekannt sei. Eigentlich wollte man in das ordentlich geführte Berggasthaus einkehren, jedoch sei dieses ehedem recht bekannte Etablissement auf der Höhe des Lindener Bergs augenscheinlich nicht mehr vorhanden. Daß man statt dessen auf einen trefflichen Wirtsgarten gestoßen sei, war, entre nous, wahrhaftig ein ungeahnter Glücksfall.

Aus der Verblüffung heraus vermutete ich, daß es sich hier um einen ausgesuchten Gag im Rahmen der Weltausstellung handelte. Vermutlich, so dachte ich bei mir, waren die beiden Personen wortgewandte Schauspieler des Staatsschauspiels von der Prinzenstraße, die im Rahmen eines Expo-Projekts hier im Stadtteil ein bißchen Werbung machten, indem sie bekannte Personen aus dem historischen Umfeld von Linden-Limmer verkörperten. Mensch, Natur, Technik – ein ehemaliger Feldprediger, der aus der hannoverschen Neustadt stammte und als streitbarer Pastor galt, dessen obrigkeitskritische Kanzelworte auf Calenberger Platt oftmals aus seiner gotischen Kirche in Limmer bis an die Ohren der erlauchten Herrschaften, die in den Königlichen Gärten von Herrenhausen lustwandelten, drangen; und ein höchst achtbarer Lindener Unternehmer, der mit Bienenfleiß die Fesseln althergebrachter handwerklicher Wirtschaftsformen sprengte, die Industrialisierung einleitete und den Grundstein für eine allmähliche Wandlung der Königlichen Residenz zum Wirtschaftszentrum des Landes legte. Das war zweifelsohne eine ansprechende Konstellation!

Mir sollte es recht sein, denn offenbar handelte es sich zudem um grundsolide Herren, ob nun Schauspieler oder nicht, mit denen man sich beim Bier bestimmt gut unterhalten konnte.

Verstohlen schaute ich mich um, ob nicht irgendwo ein verborgenes Mikrofon von NDR Radio Niedersachsen zu sehen oder gar ein verstecktes Kamerateam mit Hanna Legatis oder Andrea Lütke anwesend war.

Für einen Moment schwieg man nun, bis dann Pastor Jakobus Sackman das Wort ergriff und beiläufig erwähnte, daß man noch auf vier Personen harre, mit denen man sich verabredet hatte. Bei den Vieren handele es sich um den Ansbacher Ernst von Bandel, der in der Eisenstraße eine Monumentalfigur für die Höhen des Teutoburger Waldes schaffe. Außerdem habe Ferdinand Lindemann, der Mathematiker, sein Erscheinen zugesagt. Angemerkt sei, daß Lindemann den Nachweis der Transzendenz der Zahl Pi und damit den endgültigen Beweis, daß die Quadratur des Kreises mit Zirkel und Lineal nicht durchführbar ist, erbrachte. Des weiteren warte man auf den „Welfischen Schwan", die hannoversche „Pusteblume", „deren ungemeiner Ruhm von einer dichten Dornenhecke der großen Weltgeschichte überwuchert" und „die selbst zu einem vergessenen Dornröschen wurde". Schließlich wolle sich an diesem Sommerabend auch Karl Jakob Hirsch zu ihnen gesellen. Doch wiewohl es längst an der Zeit sei, hätten die werten Herrschaften sich bis jetzt noch nicht eingefunden!

Daraufhin erhob er seinen Krug, nahm einen kräftigen Schluck und orderte für alle am Tisch das Auffüllen der vorhandenen Trinkgefäße. Danach nahmen die beiden Herren den Gesprächsfaden des vorherigen Themas wieder auf.

Mehr oder weniger banden sie mich in das Gespräch ein und richteten hin und wieder Fragen über Gott und die Welt an mich, die ich, so gut ich konnte, aus meiner Sicht heraus beantwortete. Ich ließ dieses und jenes über das „heutige" Linden in das Gespräch einfließen.

Meine Erklärungen über die informative „Butjerroute", die durch einen Teil Lindens führte, fand bei den beiden nicht unerhebliches Interesse. Bald jedoch kristallisierten sich immer mehr das Fabrikgelände und die Werkhallen der Hanomag als Gesprächsstoff heraus. Zu meinem Leidwesen war ich über den aktuellen Stand der Dinge dort nicht ausreichend informiert. Da kam mir im Nu die Idee, die beiden Herren auf eine Stippvisite in die noch bestehenden Werkhallen des ehemaligen Industriekomplexes am Fuße des Lindener Bergs einzuladen.

Ich schlug ihnen vor, das Lokal in nächster Zeit zu verlassen und gemeinsam die Gebäude und Hallen, soweit sie mir mit einem Hauptschlüssel zugänglich waren, zu inspizieren.

Sogleich horchten die beiden Männer auf, und besonders der, der sich Georg Egestorff nannte, schien sichtlich angetan von diesem Vorschlag zu sein.

Vortrefflich, meinte er zu mir, doch wieso besäße ich als Privatperson einen geeigneten Schlüssel von dieser maschinentechnischen Betriebsstätte?

Ich erläuterte, daß die Niedersächsischen Staatstheater ihr umfangreiches Dekorations- und Möbellager in Teilen der weitläufigen und zahlreichen Werkhallen eingerichtet hätten, und da die beiden Herren doch ganz offensichtlich Kollegen des Staatstheaters seien, könnte ich es wagen, mit ihnen diesen abendlichen Spaziergang durch das Kulissenlager zu machen. Anschließend könnte man ja vor dem großen Fabriktor beim „Alten Fritz" noch ein „Hopfenfrisches" zu sich nehmen! Eingedenk der noch fehlenden vier Personen, schlug ich vor, eine Viertelstunde dort drüben auf dem kleinen Aussichtshügel zu verweilen und auf die eventuell doch noch Eintreffenden zu warten. Von dem niedrigen Aussichtspunkt habe man überdies im Dämmerlicht noch einen ausgezeichneten Blick über das gesamte Hanomag-Werksgelände.

Sogleich zeigte man sich einvernehmlich mit meiner Offerte. Gemeinsam verließen wir den Biergarten. Nach wenigen Schritten hatten wir die Erhebung erreicht, und die Herren richteten ihre Blicke schweigend sowohl in die unmittelbare Nähe als auch in die weite Ferne.

Der rege Autoverkehr im ampelgesteuerten Rund auf dem Deisterplatz war leise zu hören, und vom weitläufigen Güterbahnhof „Fischerhof" drangen hin und wieder Rangiergeräusche herüber.

Der Duft von Lindenbäumen und blühenden Sommerblumen aus den umliegenden Gartenkolonien verzauberte die Abendstimmung, und die Fülle weichen Lichtes und sanfter Schatten hatte etwas von dem, was Caspar David Friedrich mit einfühlsamen Pinselstrichen in seinen zahlreichen Bildern so genial gebannt hatte.

Diesen Eindruck konnte man allerdings nur gewinnen, wenn man das noch nicht fertiggestellte, großflächige „Fun-Center"- und Baumarkt-Areal außer acht ließ. –

Von der Erhebung aus beschrieb ich den Herren das Hanomag-Gelände. Dabei ließ ich die Finanzquerelen, die zu diesen extravaganten Bauten geführt hatten, beiseite, denn ich beobachtete, wie sich das Gesicht des Herrn Egestorff immer mehr verfinsterte.

Auch meine weiterführenden Erklärungen über den „Eisenbahnkönig" Strousberg und sein Wirken konnten den erkennbar aufkommenden Unmut in keiner Weise mindern. Herr Egestorff wandte sich ab und spuckte sichtlich angewidert in das nebenan wuchernde Gebüsch einer Heckenrose.

Pastor Sackman legte ihm nun seinerseits beschwichtigend die Hand auf die Schulter und kommentierte den Moment mit schlichtem Wettern gegen den unabänderlichen Weltlauf: Die irdischen Historien und des Menschen Torheit gereichten wahrlich nicht zur ergötzlichen Erbauung, und jedermann hüte sich vor den fortschreitenden Gefahren der Zeit!

Kurze Zeit später – die erwarteten vier Herrschaften waren nicht erschienen – gingen wir schweigsam den Berg hinunter, an den hellerleuchteten „Bergterrassen" von Linden 07 vorbei und durch die mit mehrgeschossigen Mietshäusern bebaute Bredenbecker Straße.

Alsdann stand das vierstöckige Industriegebäude der „Hannoverschen Maschinenbau-Aktien-Gesellschaft vormals Georg Egestorff in Linden vor Hannover" schemenhaft vor uns. Oberhalb der im Mauerwerk der von Alfred Sasse erbauten Kanonenwerkstatt eingelassenen Personifikationen „Industrie" und „Arbeit" sowie der Jahreszahl 1917 leuchteten der gelbe Schriftzug „Kamatsu" herunter auf die Straße.

Verwunderung und zugleich größter Ingrimm waren der Person des Firmengründers Egestorff überdeutlich aus dem Mienenspiel abzulesen. Stumm ließ er seine Blicke über die langgestreckte Fassade des aufwendigen Klinkerbaus gleiten.

Was mochte in ihm vorgehen, der sich den Wahlspruch „Gemeinnütziges industrielles Wirken – mein Leben" zu eigen gemacht hatte und der das richtige Gespür für zukünftige Entwicklungen, den durchgreifenden Optimismus und das Selbstvertrauen eines „Unternehmers" der ersten Stunde besaß?

Nachdem Egestorff sich aus der Erstarrung gelöst und sich wortlos abgewendet hatte, erreichten wir über eine schadhafte Straße bald eines der Seitentore des Hanomaggeländes.

Quietschend ließ sich das angelehnte Metalltor öffnen. Völlig verwaist lag des Gelände vor uns. Auf dem durch Betonstreifen und holprigen Blaubasalt ausgebesserten Fabrikhof standen im schwachen Lampenschein einige Transportfahrzeuge des Staatstheaters sowie zwei Lastkraftwagen der hier in Halle 10 untergebrachten Lohnhärterei. Daneben lagen Halbzeuge, Magazincontainer, Maschinenteile und allerlei andere Gegenstände mehr oder minder geordnet herum.

Auf dem Gelände herrschte Stille, es roch nach Rost, Eisen und Öl. Die Fabrikblöcke, deren Mauerwerk von der Sonne des vergangenen Tages aufgeheizt waren, strahlten die Wärme ab. Aus der mit einem riesigen Holztor verschlossenen Halle 9 fiel trübes Lampenlicht durch das gesprungene Glas der vielfach geteilten Eisenfenster. Durch ein kleines, glasloses Fenster segelten ab und zu Fledermäuse. Stumm verharrten wir auf dem Fabrikhof.

An einem alten Kulissenanhänger des Staatstheaters vorbei, gingen wir dann zum Eingang des Hallenblocks No. 96 hinüber. Ich drehte den Schlüssel im Schloß, die Stahltür sprang geräuschvoll auf und gab den Weg frei in das hohe Treppenhaus.

Das Licht fiel fleckig auf die mit ausgetretenen Holzdielen bestückten Treppenpodeste und rostigen Treppengeländer. Die grob verputzten Wände wiesen erhebliche Schäden auf, und hier und dort versickerte in schmalen Rinnsalen Wasser. Es roch stark nach Fäulnis und Verfall.

Unter Kraftaufwendung schob ich in der ersten Etage der Werkshalle eine eiserne Tür auf, und im schwachen Lichtschein präsentierte sich die vollgestopfte Kulissenwelt des Theaters.

In unzähligen Sektionen waren an diesem Ort Kompletteile oder Bruchstücke von Bühnenbildern, die der maroden und verfallenden Umgebung durch ihre Nutzlosigkeit und eigene Vergänglichkeit eine beklemmende Note verliehen, magaziniert.

Aufgrund der spärlichen Beleuchtung erschien die Lagerfläche enorm unübersichtlich. Dennoch konnte man im trüben Schein dieser Lichtquellen die einzelnen Kulissenstücke erkennen: Da taten sich die sieben Zimmer in Herzog Blaubarts Burg auf, da schichteten sich vor einem Hochspannungsmast starke Eschenscheite auf, da stand der gläsern-metallene Käfig des „Sly", da waren die ausgedienten Bildteile von Ligetis „Le Grand Macabre" aufgestapelt, da lagerte die abgelegte Dekoration von „Amandas Traum", da lehnten die Bühnenwände des „Feurigen Engels" eng aneinander, da war das höfische Interieur des „Enrico Leone" zusammengeschoben, da lag metallen schimmernd die übergroße Panzerkette aus der Zimmermannschen Oper „Die Soldaten", da breitete sich die feudale Gasttafel des „Don Giovanni" aus, da verkeilten sich „Grünewaldsche" Gemäldepartien von „Mathis der Maler" ineinander, da ragte die angedeutete Bahnhofskulisse von Cages „Europeras" in unseren Weg ...

Schweigend durchquerten wir die umfunktionierte Werkhalle mit den zahllosen Dekorationsteilen. Bei jedem unserer Schritte ächzten die ölgetränkten Dielen. Verwinkelte Gänge und schmale Gassen führten uns durch diese abgetakelte Kulissenwelt. Gespenstisch huschten unsere Schatten über die abgelegten Bühnenbilder.

An verschiedenen Stellen blinkte es unergründlich zugleich geheimnisvoll aus der Dunkelheit herüber und vereinzelt, wenn wir durch Türen schritten oder über knarrende Treppen gingen, seufzten die Operndekorationen oder Möbelstücke im Luftstrom. In dieser düsteren Scheinwelt und ihrer wahllosen Verschachtelung gaben sich alle entseelten Dinge wie in einem bizarren Totentanz.

Nach dem Durchstreifen verschiedener Ebenen des außerordentlich großflächigen Magazins standen wir unversehens auf der provisorisch hergerichteten Probebühne, auf der wohl während der Tagesstunden der „Werther" einstudiert wurde.

„... Daß das Leben des Menschen nur ein Traum ist, in welchem die tätigen und forschenden Kräfte des Menschen eingesperrt sind. Resignierend im stumpfen und kalten Bewußtsein, wird er wieder zurückgedrängt, da er sich in der Fülle des Unendlichen zu verlieren sehnte!"

Diese Worte, mit dem Pinsel geschrieben, hafteten ringsherum an den kahlen, vom Leuchtstofflicht spröde erhellten Wänden. Die abgestandene Luft roch aufdringlich nach Ausdünstungen des Mauerwerks und menschlichem Schweiß. In einer Ecke lagen mehrere Plastiktüten und eine große Anzahl umgestürzter Bier- und Coladosen. Auf einem eleganten Schreibtisch, der quer auf der angedeuteten Bühne stand, befanden sich abgegriffene Spielrequisiten: ein zusammengeknüllter Straßenplan von Hannover, eine leere Flasche Madeira, ein aufgeklappter „Compaq"-Laptop sowie mehrere von braunen Wasserrändern durchzogene, vergilbte Bücher mit gleichem Titel: „Silvesternacht oder Das Spiegelbild eines unwirklichen Traums – Eine Novelle".

Ein lederner Bürosessel lag umgestürzt vor dem Schreibtisch. Mehrere Liegestühle und ein Dutzend verschiedenartiger Stühle standen ungeordnet im Raum herum. Überall auf den verschmutzten Bodendielen waren bunte Flugblätter verstreut: „... denn sein Herr hatte gesagt, die Postpferde würden vor sechse vors Haus kommen".

Beinahe fluchtartig verließen Egestorff und Sackman den Theaterraum und eilten die Treppe hinunter. Etwas später standen beide schwer atmend im Erdgeschoß des Mittelblocks, an den sich die große Fabrikportalbrücke anschloß, und besprachen sich.

Als ich mich näherte, erklärte Herr Egestorff mit bewegter Miene, daß er angesichts des schlechten Zustands der Fabrik zwar vollkommen deprimiert sei, aber trotzdem die Gelegenheit beim Schopf fassen möchte und sich unbedingt das weitere Gelände mit den anderen Hallen und Gebäuden anschauen wolle; vielleicht träfe er auf Bausubstanz von Eisengießerei und Maschinenfabrik aus den Jahren des vorangegangenen Jahrhunderts, mit der er sich eher identifizieren könne.

Mit diesen Worten verabschiedete er sich und verschwand entschlossen durch eine der nach außen führenden, schweren Eisentüren. Geräuschvoll fiel die Tür ins Schloß.

Auch Pastor Sackman sprach sich dafür aus, diese bedrückende Führung abzubrechen. Wahrlich verschwindend wenig Pläsier hafte an diesem verfluchten Ort. Unterschwellig klang aus seinen Worten heraus, daß diese alten Industriegemäuer nicht gerade seine Passion waren. Er war, wie er sich ausdrückte, mehr auf das pralle, volle Leben bedacht: ein „Hopfenfrischer" Gerstensaft täte jetzt gut ... Hinterher wolle er sich geradewegs nach seinem dörflichen „Lembere" jenseits der Fösse begeben, um dort zu sehen, wie alles sich am Ort befinde.

Ohne weitere Unterbrechung gingen wir durch einen ziemlich finsteren Kellergang, dessen stickige Luft uns um so mehr Gusto auf ein Bier machte; binnen kurzem gelangten wir in der Nähe des großen Fabrikportals ins Freie.

Düster hob sich die heroisierende Kolossalfigur des Arbeiterstandbilds von dem mondhellen Himmel ab. Über uns funkelte eine unendliche Anzahl von Sternen. Tief durchatmend verharrten wir für einen Augenblick.

Dann stiefelten wir hinüber zum „Alten Fritz".

Pastor Sackman hatte einen mächtigen Zug an sich: kaum hatte er das Glas an den Mund gesetzt, war es auch schon geleert.

Ich wollte ihm ein neues Bier bestellen, aber er lehnte ab und drängte auf das sofortige Verlassen der Gaststätte. Nein – ihn zog es nach „Lembere"; jetzt sofort. Also verließen wir den „Alten Fritz".

Um ihm aber dennoch ein wenig von Linden zu zeigen, gedachte ich, beim ehemaligen Ahrberg-Gelände vorbeizugehen, im „Hurlebusch-Eck" am Allerweg schnell noch ein Bier zu trinken und dann mit ihm an der Station „Siloah" in die Stadtbahn 17 zu steigen. Zwar würden wir nachher am Goetheplatz in die 10 wechseln müssen, um nach Limmer zu gelangen, aber so könnte man die Gelegenheit noch nutzen und in der Schänke „Götz von Berlichingen" hereinschauen ...

Ich unterbreitete dem Gottesmann meinen Plan. Doch der nickte nur abwesend. Er wirkte momentan etwas zerfahren – lag es an der üblen Luft, die allerorten in den Gemäuern der ehemaligen Hanomag geherrscht hatte, oder an dem hastig getrunkenen Bier im „Alten Fritz"?

Wie dem auch sei, wir lenkten unsere Schritte in Richtung Deisterplatz. Während wir nebeneinanderher gingen, kam uns eine laut aufeinander einredende Gruppe jugendlicher Spanier entgegen. Gänzlich überrascht und mit ungläubigem Erstaunen nahm der Pastor aus „Lembere" diese Begegnung auf. Während die Jugendlichen in die Haspelmathstraße einbogen, murmelte er Unverständliches vor sich hin.

Ich erklärte ihm, daß sich hier in Linden-Süd eine große Zahl von Spaniern und Portugiesen niedergelassen hatte und daß man hier ausgezeichnet – als sei man in Aranda de Duero, Zaragoza, Cordoba, Alcobaca, Porto oder Óbidos – tafeln und zechen konnte. Die Marmita, die Ternera cordobesa, der Anguila riojana sowie der Vinho dos mortos, aber auch der Amarante seien durchaus nicht zu verachten.

Während ich versuchte, dem Gottesmann aus „Lembere" den von uns durchquerten Stadtteil auf kulinarischem Wege näherzubringen, wußte ich doch, daß er das barocke Leben schätzte, gingen wir am Portal des Ahrberg-Geländes vorüber.

Als wir dann etwas später am Eingang zum „Hurlebusch-Eck" standen, faßte Pastor Sackman mich am Ärmel und zog mich mit sich fort; man könne sicher auch in „Lembere" den einen oder anderen Maßkrug Gerstenbräu zu sich nehmen. Ihn dränge es nun doch zu sehr nach dem vertrauten „Lembere" ...

Nun gut, was frommt es? Des Menschen Wille sei sein Himmelreich! Allons! Begeben wir uns über die Fösse hin nach Limmer!

Achselzuckend machte ich auf dem Absatz kehrt und folgte dem Drängen des Gottesmannes.

Kurzentschlossen änderte ich meinen Plan, statt an der Haltestation „Siloah" die Stadtbahn zu nehmen, dirigierte ich den Dorfpfaffen durch die Charlottenstraße in Richtung Schwarzer Bär. Von Zeit zu Zeit schaute Pastor Sackman mich fragend an, verlor aber kein Wort, sondern schüttelte nur verdrießlich seinen Kopf.

Am Schwarzen Bären angelangt, versuchte ich, ihn ein wenig mit Nichtigkeiten zu zerstreuen und berichtete von meiner ehemaligen Stammkneipe, die nun zu meinem Leidwesen in türkischer Hand sei.

Bei den vormaligen Wirtsleuten Anne und Gerd war das Altbier in gepflegt rheinischer Art vom Faß ausgeschenkt worden, und es war immer eine fabelhafte Sache gewesen, wenn man von seinem angestammten Platz direkt am Fenster herausschauen konnte auf den zu jeder Tages- und Nachtzeit pulsierenden Verkehrsfluß durch das Nadelöhr am Schwarzen Bären. Richtig interessant war es auch, wenn manchmal zu vorgerückter Stunde außergewöhnliche Gäste der Szene vom „Capitol" herüberkamen. Nun hatten Anne und Gerd zu meinem Bedauern dieses prima Lokal am Schwarzen Bären aufgegeben; Gott sei's geklagt!

Aber das interessierte Pastor Sackman keineswegs, und seine Gesichtszüge hellten sich um nichts auf. Als ich im Begriff war, eine kleine Anekdote dranzuhängen, winkte er rüde ab. Seinen eigentümlichen Gehstock etwas fester umklammernd, murmelte er irgend etwas von abendländischer Bedeutung, Prinz Eugen und Wien ...

Offenbar bewegte ihn etwas ganz anderes. In diesem Moment näherte sich von der Lavesallee her die Stadtbahn der Linie 17. Geschwind steckte ich ihm einen Fahrschein zu, den er verwundert betrachtete. Zugleich gab ich ihm Bescheid, daß am Goetheplatz unbedingt in die Linie 10 umzusteigen sei. Dann schob ich ihn in die ziemlich gefüllte Stadtbahn.

Ich hatte das Gefühl, daß in ihm ein weiteres Unbehagen aufkeimte, denn nur widerwillig stieg er ein. Schon schlossen sich die automatischen Türen, und die Stadtbahn fuhr los.

Zur erforderlichen Entwertung unserer beider Fahrscheine sah ich mich in der Stadtbahn nach einem amtlichen Fahrscheinentwertungsautomat um; jedoch lediglich ein lapidarer Hinweis prangte an der Stelle, an der sonst üblicherweise eben dieser Fahrscheinentwertungsautomat angebracht war: „In diesem Stadtbahnwagen sind die Fahrscheinentwertungsautomaten entfernt worden – der Fahrgast wird gebeten, seinen Beförderungsschein vor Fahrtantritt in dem Fahrscheinentwertungsautomat an der Haltestation zu entwerten!"

Mit höchster Verwunderung wandte ich mich an den Stadtbahnführer und bat um einen Entwertungsstempel. Doch der beschied mir in bestimmendem Tonfall, daß er einen solchen nicht mehr zur Hand habe und der werte Fahrgast seinen Beförderungsschein an der jeweiligen Haltestation am dort befindlichen Fahrscheinentwertungsautomat vor dem eigentlichen Antritt der Fahrt selbständig entwerten müsse ... „Steigen Sie an der nächsten Haltestelle aus und entwerten Sie dort umgehend den Beförderungsschein!"

Unwirsch schloß er die schmale Fensterklappe, durch die dem Fahrgast früher der Fahrschein gereicht worden war.

Wie ein begossener Pudel stand ich nun da. In der Hand hielt ich einen richtigen Fahrschein, der mich zwar berechtigte, die Beförderung durch dieses Unternehmen in Anspruch zu nehmen, mich aber wegen des fehlenden Stempels zum „Schwarzfahrer" machte ...

Schwarz ärgern konnte ich mich über diese eingeschränkte Serviceleistung des großstädtischen Überlandverkehrsunternehmens. War das in Einklang zu bringen mit dem Anspruch einer weltoffenen Expo-Stadt? Es kam mir vor wie ein Abderitenstreich!

Jedoch, ich und Schwarzfahren! Wo ich es im großen und ganzen und soweit es eben ging überhaupt vermied, die so vortrefflich mit einem erheblichen Entgelt belegte Dienstleistung dieses Unternehmens zu nutzen. Bei den erhabenen Fahrpreisen und dem ausgewiesenen Service ging ich für mein Teil lieber zu Fuß. Eine gewisse Antipathie und tiefgründiges Aufbegehren besaß ich wahrscheinlich noch aus den Tagen des „Roten Punktes". Daneben gab mir der Spruch „Lassen sie ihr Auto getrost vor der Stadt stehen – nehmen sie mit uns vorlieb!", gehörig zu denken.

Der sympathisierende Unwille der umstehenden Fahrgäste über diese „überaus servicefreundliche Verbesserung" des etablierten hannoverschen Beförderungsunternehmens riß mich aus meinen Gedanken. Das solidarisierende Wohlwollen der Leute beschwichtigte meinen Verdruß ein wenig.

Nun gut, so würden wir also an der Haltestelle Humboldtstraße rasch aus der haltenden Stadtbahn springen und den Beförderungsnachweis entwerten.

Eben wollte ich Pastor Sackman dieses mitteilen, als im hinteren Wagenteil mit lauter Stimme eine Fahrscheinkontrolle angekündigt wurde.

Erst dachte ich, daß es sich um einen Ulk eines Fahrgastes handele. Allerdings klang die Ankündigung so behördlich-dienstlich, daß mir diese Vermutung sofort abhanden kam. Üble Dinge bahnten sich an ... Jetzt saßen wir in der Tinte, und guter Rat war ziemlich teuer!

Zur Minute hielt die Stadtbahn an der Ampel Gustav-Bratke-Allee unmittelbar vor dem Abzweig in die Humboldtstraße. Die nächste Haltestelle war also nur noch einen Steinwurf weit entfernt. Schafften wir das in der verbleibenden Zeit, bevor diese Kontrolle anstand? Zäh verrannen die Sekunden. Unterdessen näherten sich die energischen Ankündigungsrufe der Fahrscheinkontrolleure.

Auf meiner Stirn bildeten sich Schweißperlen. Ich schaute Pastor Sackman an. Vielleicht war von diesem gottesfürchtigen Kirchenmann Hilfe zu erfahren?

Doch der Pastor stand mit verschlossenem Gesicht an meiner Seite und starrte auf den farbigen Hinweis „Stadtbahn-Netz während der EXPO 2000". Aber nein, wahrscheinlich irrte ich mich, vermutlich las er den biblischen Wochenspruch der Stadtdiakonie nebenan: „Und siehe, eine Tür war aufgetan und eine Stimme sprach: Komm heraus, und ich werde dir zeigen, was nach diesem geschehen muß".

Ja, wenn doch nur die Stadtbahn weiterfahren würde und sich für uns die verdammte Tür zum Erreichen des notwendigen Entwerters endlich öffnete ...

Aus den Augenwinkel heraus sah ich, wie sich die zwei Kontrolleure durch den Stadtbahnwagen zwängten, rechts und links ihren Ausweis vorzeigten und peinlich genau die Fahrscheine von den Fahrgästen prüften. Gleichzeitig bemerkte ich, daß der Kreis der uns umstehenden Fahrgäste merklich dichter wurde. Eng an eng standen die Leute und versuchten ganz offensichtlich, uns vor dem sicheren Zugriff abzuschotten.

Ich rechnete mir die reelle Chance aus, den Kontrolleuren den Grund, weshalb unsere Fahrscheine nicht entwertet waren, zu erläutern und mit Glaubwürdigkeit die gnadenvolle Einsicht zu erreichen.

Doch nein, die drückten bestimmt kein Auge zu. Nie und nimmer; und von Pastor Jakobus Sackman aus „Lembere" brauchte ich ihnen schon gar nichts zu erzählen. Alles sinnlos!

Endlich, nach einer kleinen Ewigkeit, setzte sich die Stadtbahn wieder in Bewegung. Mit kreischenden Geräuschen bog sie langsam in die Humboldtstraße ein und hielt an der dortigen Haltestelle. Noch waren die Türen verschlossen ...

Die beiden diensteifrigen Kontrolleure zwängten sich nun mit Hast durch die widerstrebende Mauer von Fahrgästen. Schon leierte einer seinen Spruch herunter, hielt Pastor Sackman betont liebenswürdig seinen Dienstausweis vor die Nase und forderte süffisant grinsend den Fahrschein. Pastor Sackman, im ersten Moment irritiert, nestelte aus seinem Gewand den geforderten Fahrschein hervor und übergab diesen dem Kontrolleur.

Ich, der verdeckt hinter ihm stand, hielt mühsam die Luft an. In diesem Augenblick öffnete sich die Tür. Nun galt es! Jede Sekunde war jetzt kostbar.

Energisch griff ich dem Gottesmann an die Schulter und schubste ihn hinaus aus dem Stadtbahnwagen. Ich stürzte hinterdrein.

Kaum, daß wir uns auf dem flachen Bahnsteig der Haltestelle wiederfanden, standen die beiden Üstra-Leute auch schon erbost in der weit geöffneten Tür der Stadtbahn. Währenddessen bediente der Stadtbahnführer das schrille Warnsignal.

Wie die Rohrspatzen schimpften die Kontrolleure zur Tür heraus. Und hinter ihnen standen die feixenden Fahrgäste. Es war wirklich eine filmreife Szene, der gleichzu eine reichliche Nuance von komischer Tragik anhaftete.

Pastor Sackman, einen winzigen Moment völlig verdattert ob diesen Vorgängen, lief plötzlich, seine vorhin anhaftende Lethargie völlig verlierend, auf Hochform an.

Je nun Parapluie! Wenn die beiden Stoffel von Kontrolleuren auch nur einen Fuß aus dem Stadtbahnwagen gesetzt hätten, so hätte nicht viel daran gefehlt und der nun sehr ungnädig gewordene Kirchenmann aus „Lembere" wäre in der Tat derbe handgreiflich geworden. Aber die „Hausmacht" zum Eingreifen der beiden Kontrolleure endete unmittelbar an der Tür der Stadtbahn. So zog ich den Pastor Sackman mit mir fort und ließ die Stadtbahn mit ihren erfolglosen Kontrolleuren stehen.

Umgehend schlugen wir den Fußweg über die Ihme ein, durchquerten das nächtliche Ihme-Zentrum, gingen vorbei an schwach erleuchteten Geschäften und nahmen uns vor, diesen ärgerlichen Vorfall in der Lindener Schankwirtschaft von Ernst Lorberg bei einem frisch gezapften „Budvar" vom Faß zu vergessen.

Bald darauf spähte ich durch das kunstvolle Bleiglasfenster des Lokals. Die Wirtsleute waren hinter dem gut besetzten Schanktresen emsig am Hantieren.

Mit einem mir längst zur Gewohnheit gewordenen Ruck zog ich die hübsch verzierte Tür zur Schankwirtschaft auf.

„Hallo, liebe Leute, damit habt ihr wohl nicht gerechnet, daß ich hier zu dieser Stunde und nicht alleine erscheine ...", begrüßte ich beide Wirtsleute sowie die an der Theke sitzenden Gäste, unter denen ich auch Lindemann sowie den alten Lipper aus Asemissen bemerkte. Ich kann es nicht ändern! gab ich zudem ausgelassen zu verstehen und sah mich im Lorbergschen Lokal um.

Aha, dort am Stammtisch-Rund saßen meine sieben Konfidenten Frank Nikoleit, Egon Kuhn, Fred Meier, Ferdinand Ackermann, Hartmut Tölle, Wolfgang Jüttner und Hans-Jörg Hennecke. Aromatischer Rauch feinen Tabaks schwebte über ihren Köpfen.

Das traf sich gut! So konnte ich ihnen den Pastor Jakobus Sackman aus „Lembere" präsentieren, dachte ich sogleich bei mir. Die würden Augen machen, davon war ich überzeugt. Schade nur, daß „unser" Pastor Jochen Günther nicht anwesend war, wo doch nun sein Amtsbruder aus der unmittelbaren Nachbargemeinde hier weilte ...

Nachdem mich Ernst Lorberg, die treue Seele der Schankwirtschaft, begrüßt hatte, bestellte ich bei ihm unverzüglich neun Biere und begab mich unter seinen fragenden Blicken hinüber zum Stammtisch.

„Hallo, werte Freunde!" Meine manierlichen Honneurs machend, begrüßte ich die sieben am Stammtisch Sitzenden und wollte gerade mit ausgewählten Worten meinen Begleiter vorstellen. Doch bereits hier unterbrach mich Egon Kuhn.

Hintergründig lächelnd fragte er mich, warum ich denn gleich neun Biere bei Ernst an der Theke bestellt hätte? Was stecke denn dahinter? Aus welchem Anlaß gab ich spendabel eine Runde Bier aus? Ließ womöglich Krösus grüßen? Oder hatte Dolores, meine mir Angetraute, die mitgeführte Börse ordentlich aufgefüllt?

Er erinnerte sich an die ziemlich vertrackte Situation vor einigen Monaten mit „Väterchen Franz" im TAK-Keller ...

Ach nee ...! Ich winkte stillvergnügt ab und meinte, daß neun vorzügliche Biere wohl allemal angebracht seien; jedenfalls zu diesem außerordentlich besonderen Anlaß!

Mit einer großen Geste drehte ich mich um, um meinen Begleiter, den Gottesmann aus „Lembere", Jakobus Sackman vorzustellen.

Doch niemand, kein Kirchenmann aus Limmer, befand sich in meiner Begleitung. Nanu, wie ging das an?! Bestürzt sah ich mich um.

Verwirrt und kleinlaut verstummte ich, während Ernst Lorberg umsichtig neun Biere servierte und die Schwarzwälder Kuckucksuhr über dem Stammtisch die volle Stunde vermeldete ...

Tod und Teufel, wie nur konnte das sein? Genarrt von der eigenen Phantasie? Zackerment noch eins! Welch sonderliche Posse war mir da in dieser von Johanni angehauchten Sommernacht gespielt worden?

Mutmaßliches über Linden

Neunte Episode

An jenem Wochentag hatte ich mir fest vorgenommen, zum Frisör zu gehen. Mein Besuch dort war schon seit langem vonnöten. Jedoch in den vergangenen Wochen paßte es mir nicht in den Kram.

Einen festen Figaro hatte ich bereits seit geraumer Zeit nicht mehr. Mein ehemaliger, der mir für den normalen Haarschnitt über lange Zeit recht preiswert erschien, verlangte plötzlich, um eine prompte Bedienung zu gewährleisten, von seinen Kunden eine frühzeitige Terminabsprache. Das war mir, ehrlich gesagt, zuwider! Einen Termin beim Frisör, wo kommen wir denn da hin? Nun gut, bei der Damenwelt verstand ich das noch. Aber bei dem von mir geforderten schlichten Haarschnitt ohne jeden Schnickschnack – nein! Mein Alltag war bereits zur Genüge durch Termindiktate bestimmt. Da benötigte ich für einen Haarschnitt beim Frisör nicht auch noch eine eingetragene Verabredung ...

Kurz entschlossen hatte ich deshalb vor Jahren meinem Figaro ade gesagt. Seitdem hatte ich keinen Stammfrisör, womit sich jedoch leben ließ.

Rechts und links der Limmerstraße reihten sich die Frisierstuben wie Perlen an einer Kette; somit gab es reichlich Auswahl. Ich ging spontan mal hier-, mal dorthin, gerade so, wie mir der Sinn stand und ein Frisierstuhl zur frühen Morgenstunde frei war.

Ich hatte festgestellt, daß den meisten Frisören morgens, bei frischem Tatendrang und bester Laune, der Haarschnitt leicht und obendrein recht akkurat von der Hand ging. Zudem wurde man als früher Kunde nicht nur auf dem Kopf vorzüglich bedient, sondern man erfuhr auch ganz nebenbei die neusten Neuigkeiten aus dem Stadtteil wie auch die aus der großen, weiten Welt ...

Regengraue Schleier breiteten sich in den vergangenen Tagen immer wieder über Linden aus und gaben dem Verlauf der Limmerstraße vom Küchengarten bis hin zum Westschnellweg einen recht farblosen Anstrich. Auch an diesem Tag war es im Begriff zu regnen. Die Limmerstraße gab sich einförmig und ohne sonderliche Konturen. Einzig das phantasievolle Regenbogenlogo des „Lebendigen Lindens" bei der Volksbank war ein kräftiger Farbtupfer ...

Zwar konnte man nicht unbedingt von einer leblosen Monotonie sprechen, dazu war die Straße viel zu sehr von Baustellen durchsetzt; dennoch gewann der unbedarfte Betrachter leicht den Eindruck, daß das trübe Spätherbstwetter im allgemeinen und die beharrlich anhaltenden Bauarbeiten im besonderen der langgestreckten Straße im Stadtteil nicht gerade den Reiz einer innerstädtischen „Georgstraße" bescherten.

An der mißlichen Wetterlage konnte selbstredend niemand etwas ändern. Gewiß ist dieses auch gut so! Doch was seit einigen Monaten auf der Limmerstraße an tiefgreifenden Straßenbaumaßnahmen und den damit verbundenen Schacht- und Pflasterarbeiten, Rohr- und Kabelverlegungsarbeiten vonstatten ging, war für alle Anwohner, tägliche Nutzer und ansässige Geschäftsleute, einfach nicht mehr schön.

Augenscheinlich wurden von den ausführenden Firmen beinah täglich neue Tiefbaumaßnahmen ergriffen, ratterte hier ein Preßlufthammer los, hob dort ein Bagger ein schachtähnliches Loch aus oder buddelten die Arbeiter drüben an der Hausecke metertief im Erdreich umher.

Angefangen hatte es vor Jahr und Tag damit, daß wichtig dreinblickende, weißbehelmte Sachbearbeiter mit auffälliger Farbe aus der Sprühdose irgendwelche, für den Uneingeweihten nicht deutbare, Symbole und Linien auf den Straßenasphalt und auf das Bürgersteigpflaster zeichneten. Größere Dinge warfen offenbar ihre Schatten voraus ...

Danach jedoch tat sich zunächst überhaupt nichts mehr. Und nach einer kurzen Eingewöhnungszeit scherte sich niemand mehr um diese hinterlassenen Farbzeichen. Beinahe konnte man zu der Meinung gelangen, daß dieses eine besondere künstlerische Aktion im Rahmen der Lindener Kulturtage war. Doch eines guten Tages wurde am HL-Markt von einem rührigen Arbeitstrupp der dort befindliche Briefkasten mit integriertem Markenautomat entfernt.

Am nächsten Tag ragten nur noch vier starke Gewindebolzen aus der Zementsockelplatte des Bürgersteigs und zeugten von diesem bürgernahen, „stillen" Postamt. Fraglos war dem Bürger mit dem Entfernen des Briefkastens eine alltägliche Bequemlichkeit ersatzlos entzogen worden. Denn derjenige, der ausreichend geschickt war und dicht genug mit dem Auto an diesen Briefkasten heranfahren konnte, der hatte ohne auszusteigen, mühelos seine Postsachen in den Schlitz einwerfen können ...

Später mußte auch die benachbarte und wohl im Wege stehende Litfaßsäule den Baumaßnahmen weichen. Genauso erging es dem Taxistand gegenüber vom „Fishers". Schließlich wurden entlang der Limmerstraße, hüben wie drüben, deutlich sichtbare Baustellenschilder aufgereiht: Achtung Autofahrer – Baustelle!

Über Nacht tauchte dann vor dem ABC-Schuhmarkt ein blaues TOI-Häuschen auf. Ebenso standen in einigen Seitenstraßen unversehens drei, vier Bauwagen, und an mehreren Stellen lagerten zuhauf Rohre sowie alle Arten von Absperrungen. Darüber hinaus konnte man kurz nach acht Uhr in der Frühe an der Frischtheke beim Edeka-Markt mehrere behelmte Bauarbeiter antreffen, die mit Bedacht ihr Frühstück zusammenstellten und mit einer gut gefüllten Plastiktüte zu ihrem Bauwagen strebten.

Nachdem die Bistros und Cafés ihre Tische und Stühle, soweit möglich, um die Hausecke in die Nebenstraßen verlegt hatten, konnte es losgehen; bald hatten sich an verschiedenen Stellen große und kleine Bagger unbekümmert in das Erdreich gegraben.

Vielerorts konnte man sich nun ein gründliches Bild machen von der unüberschaubaren Vielzahl kreuz und quer laufender Telefonkabel, Starkstromanschlüsse, Versorgungsleitungen, Dränage- und Leerrohre im Straßenuntergrund.

Höchst eindrucksvoll zeigte sich dem Betrachter ein unergründliches, nichtsdestoweniger bestimmt hervorragend geordnetes Netz der Stadtwerke, Postbehörde und des Stadtentwässerungsamtes. Es war schon äußerst bemerkenswert, welch ein Wirrwarr dort im Erdreich begraben lag und nun bei dieser tiefgreifenden Maßnahme zum Vorschein kam! Manch ein Rentner fand tagsüber an den einzelnen Baustellenbereichen reichlich Unterhaltung. Oftmals sah man den einen oder anderen an den Aushublöchern mehr oder minder sachkundig den hantierenden Arbeitern über die Schulter schauen.

Die zahlreichen veralteten Wasseranschlüsse wurden ausgetauscht, etliche Gasleitungen erneuert, beschädigte Kabelstränge ausgewechselt und modernes Breitbandkabel verlegt. Unterdessen informierte der Lindenspiegel seine Leserschaft umfassend über Planungsstand und Fortschritt des Ausbaus „Fußgängerzone Limmerstraße": Bei Abschätzung aller etwaig eintretenden Unwägbarkeiten, so vermuteten die Experten vom Tief- und Straßenbau, würde die Limmerstraße nach Abschluß der komplexen Arbeiten genau zur Expo ihr neues und liebenswertes Gesicht zeigen: Wohnliche Unbeschwertheit und pulsierende Betriebsamkeit sollten die Passanten zum Einkaufsbummel und angenehmen Verweilen einladen; genauso, wie man es von der „Lister Meile" her kannte. Aber war die „Lister Meile" wirklich vergleichbar mit der Limmerstraße – hatte man da nicht die Rechnung ohne den Lindener Bürger gemacht?

Umfassend auf dieses Thema sowie auf andere Probleme im Rahmen der Umgestaltung der Limmerstraße eingehend, warf die Lindenspiegel-Redaktion in seinen Ausgaben eine Menge Fragen auf ...

Zu Beginn der Maßnahmen hatte es den Anschein, daß die Arbeiten recht zügig voranschritten. Jeden Werktag ratterten Preßlufthämmer los, wurden Fahrbahndecken aufgerissen, Bürgersteige abgetragen, Gullyschächte aufgemauert und Kantsteine neu gesetzt. Stellenweise wurden die Gruben am Fahrbahnrand und auf den Gehwegen sogar bereits wieder ordentlich geschlossen. Unermüdlich stampften Erdverdichter den Boden an den Aushubstellen fest, und tonnenschwere Stahlwalzen ebneten umsichtig den weichen Asphaltbelag.

Doch dann, nach einigen Wochen, verebbte die Dynamik ganz offensichtlich; an einigen Stellen wurde nur noch schleppend weitergearbeitet. Lag es daran, daß irgend jemand der Anlieger Einspruch erhoben hatte, oder hatte man die Planung doch noch nicht vollkommen abgeschlossen? Womöglich war ganz einfach das Geld für diese Baumaßnahme ausgegangen ...

Auf die besorgten Fragen der Anwohner brachte die aktuelle Aprilausgabe des Lindenspiegels die Antwort: Eine Erklärung ergebe sich zweifellos daraus, daß die Parkplatzfrage im Umkreis der Limmerstraße nicht zur vollen Zufriedenheit der Geschäftsleute und Anwohner geklärt sei. Wie sollte die Kundschaft mit dem Auto bei den stark eingeschränkten Parkbuchten zum Einkaufen in die Limmerstraße kommen, zumal die ausgediente Kohlenumladestation des Heizkraftwerks zur Zeit als mögliche Stellfläche nicht in Frage kam? Eine sinnvolle Lösung stand aus. Zum anderen hatte die Lobby der Fahrradfahrer die Verkehrsführung für den zukünftigen Radfahrweg stark kritisiert; die vorgegebene Lösung sei nur halbherzig und keineswegs optimal. Eine verkehrsberuhigte Zone sollte entstehen, aber unter Berücksichtigung eines eingebundenen Radfahrwegs innerhalb der Fußgängerzone. Sowieso ließe die fahrradgerechte Anbindung des Stadtteils zum Schwarzen Bären und zur Universität am Königsworther Platz erheblich zu wünschen übrig! Selbstredend dürfe auch der Fußgänger nicht zu kurz kommen: ein paar aufzustellende Ruhebänke gäben der Limmerstraße ohne weiteres urbanen Flair ...

Überdies wurden von seiten des Bezirksratsmitglieds der PDS etliche Fragen an die Baubehörde gestellt: Waren die berechtigten Forderungen der Lindener Bürger umfassend und eingehend vom Tiefbauamt berücksichtigt worden? Konnte es zu Erweiterungen oder planerischen Änderungen der Maßnahmen kommen, wenn neue Aspekte auftraten? Würde das angedachte Konzept späterhin auch aufgehen?

Stand der Dinge sei, so der Lindenspiegel, daß man von amtlicher Seite eine allen Wünschen gerecht werdende, zukunftsträchtige und umweltschonende Lösung gefunden habe; nämlich:

Im unteren Bereich des Ihme-Zentrums und auf dem angrenzenden ehemaligen Gelände der Lindener Brauerei sollten unterirdisch auf zwei Ebenen ausreichend Parkdecks erstellt werden, die den Angestellten der vielen Büros in der Nachbarschaft und zugleich der werten Kundschaft, die auf der Limmerstraße einkaufen oder auch nur bummeln wollte, gegen eine geringe Gebühr zu Verfügung ständen. Am Kopf der jeweiligen Parkdecks, unmittelbar an der Ihme gelegen, wo bereits die U-Bahnstation angelegt worden war, könnte man sich eine kleine, architektonisch hübsch gestaltete Umsteigestation vorstellen. In dieser umfunktionierten U-Bahnstation gäbe man dem gestreßten Autofahrer die Möglichkeit, in eine Gondel umzusteigen und zu Wasser, wie auf einem venezianischen Kanal, obschon unterhalb der Limmerstraße herführend, bequem zum unbeschwerten Einkauf zu kommen. Man nutze aus ökonomischen Gründe einfach das Wasser der Ihme, da dieser unterirdische Kanal direkt an das Flußnetz der Leine angeschlossen werden könne.

Unter der Limmerstraße hätte man sich alle hundertfünfzig Meter eine kleine Station vorzustellen, an der der Passant, der auf der Limmerstraße bummeln wollte, aber auch jeder Anwohner bequem mit einem Fahrstuhl von der Kanalsohle auf die Ebene der Straße auftauchen konnte. Der geplante Kanal würde die Limmerstraße erheblich entlasten und könne gegebenenfalls bis zur Limmerschleuse an der Harenberger Straße reichen, um ganz nebenbei den Wasserhaushalt von Ihme, Leine, Fösse und vom Abstiegskanal bei Hochwasser zu regeln. Dementsprechend geführt, könne er ebenfalls den Wünschen der Ahlemer gerecht werden. An sich stände auch einem Wassertaxibetrieb bis hin nach Dedensen nichts mehr im Weg. Eine Finanzierung des Projekts ergebe sich in Absprache mit der Landesregierung möglicherweise aus dem Topf des Expoetats – Mensch, Natur, Technik – ...

So jedenfalls erklärte im vergangenen April der Lindenspiegel seiner Leserschaft das auffällige Stocken der Bauarbeiten. Außerdem war noch eine Randnotiz eingeschoben, die im engen Zusammenhang mit diesen endlos anhaltenden Baumaßnahmen zu sehen war: Gütlicher Ausgang einer Bankbesetzung am Schnittpunkt Limmerstraße / Kötnerholzweg. Ohne viel Aufhebens um die eigentliche Sache zu machen, konnte der Lindener Kontaktbeamte unverzüglich die dort gern vom Publikum in Anspruch genommene Bank wieder zur Benutzung freigeben; die Zementsäcke wurden von den Bauarbeitern andernorts gelagert. Um ein weiteres ließ somit der Schuppen 68 grüßen, der ansonsten zu einer Demo gegen die Banknutzung von Zementsäcken aufgerufen hätte!

Schließlich begab sich die Üstra mit schwerem Gerät ihrer Gleisbauabteilung an die Arbeit. Der Unterbau des Schienenweges mußte erneuert werden. Ebenfalls war es nötig, den Abstand der Gleisspuren in den Kurven um einige Zentimeter zu vergrößern, damit die modernen Schienenfahrzeuge problemlos aneinander vorbeifahren konnten.

Doch bevor nun das Baugerät mit aller Heftigkeit in Aktion treten konnte, erschien wiederum ein Trupp mit Nivellierinstrument, Meßlatte, Maßband und Sprühdose.

In kürzester Zeit gesellten sich nun zu den alten Markierungen zahlreiche neue Striche und Zahlen. Anschließend wurden Weichen ins Gleisbett eingefügt, so daß über eine ampelgesteuerte Schrankenregelung die Straßenbahnen der Linie Zehn im Versatz eingleisig durch den entsprechenden Bauabschnitt der Limmerstraße fahren konnten. Ganz offensichtlich tat sich wieder etwas.

Nun kannte man keine Halbherzigkeiten mehr; kleine Stege führten über tiefe Schächte und Erdlöcher, Absperrungen bewahrten die Passanten vor Mißlichkeiten, erhebliche Berge von Aushub türmten sich bald auf, und nach anhaltenden Regengüssen bildeten sich längs der Limmerstraße kleine Seenlandschaften.

Manch einer der Kioskhändler, Geschäftsinhaber, Kneipenwirte oder Restaurantbesitzer traute seinen Augen nicht, wenn er vor der Tür stand. Der eine oder andere kam beim Ausbleiben seiner Kundschaft ins Grübeln. Mit der Zeit regte sich leiser, aber tiefer Unwille. Zweifelsohne, es konnte nur noch, nein, es mußte einfach besser werden ...

Bis zu diesem Zeitpunkt verliefen die Baumaßnahmen zumindest aus Sicht der zuständigen Behörden und ausführenden Firmen im üblichen Zeitrahmen. Nun aber trat etwas Unerwartetes ein ...

Schräg gegenüber der Fortunastraße, an deren Einmündung ein Bagger zu dieser Morgenstunde einen riesigen Erdhügel aufhäufte, fand ich einen Frisiersalon, dessen Betreiber gerade sein blankes Zunftzeichen vor die Tür hängte.

Da der Bagger beim Ausheben der Grube ziemlich lärmte, mußte ich mein Gesuch um einen Haarschnitt dem guten Mann ins Ohr schreien. Er nickte zustimmend und hielt mir die Salontür entgegenkommend offen. Nachdem er sie geschlossen hatte, die lauten Baggergeräusche dadurch geringfügig abflachten, bat er mich, auf dem Frisierstuhl Platz zu nehmen. Dabei wedelte er einladend mit einem karierten Umhang. Ich machte es mir auf dem Ledersitz bequem, und schon begann der Meister, mir die Haare zu schneiden.

Den kunstvollen Bewegungen von Kamm und Schere an meinem Haupt im Spiegel folgend, konnte ich, während er von seiner Heimatstadt Mersin, dem nahegelegenen Taurusgebirge und den historischen Ausgrabungen in Yümüktepe berichtete, zwischen den aufgestellten Haarwässerchen und Shampoos hindurch nach draußen auf die Limmerstraße blicken.

Dort hatte der Bagger gerade innegehalten, und eine Handvoll Arbeiter sowie einige Passanten waren an den Rand der Schachtgrube getreten und schauten in die Tiefe. War dort vielleicht etwas Unvorhergesehenes eingetreten? Oder legte der Bautrupp bloß eine Verschnaufpause ein?

Auch mein türkischer Figaro verlangsamte merklich das Tempo von Kamm und Schere und schaute gleichfalls angestrengt durch die Salonscheibe. Allem Anschein nach mußte dort draußen etwas Tiefgreifendes passiert sein. Denn die Traube der Leute verdichtete sich zusehends.

Hatte der Bagger bei den Schachtarbeiten unachtsam ein Telefonkabel hochgenommen oder wurde durch die Baggerschaufel womöglich die Oberleitung der Straßenbahn in Mitleidenschaft gezogen?

Interessiert blickte ich nach draußen, während der Frisör sich immer unaufmerksamer mit meinem Haarschnitt befaßte und bald sogar Kamm und Schere sinken ließ. Gespannt schauten wir gemeinsam durch die Schaufensterscheibe auf die Straße. Es war schwerlich zu sagen, was dort den Arbeiten so plötzlich Einhalt gebot. Hoffentlich war niemand zu Schaden gekommen!

Immer mehr Schaulustige versammelten sich zwischenzeitlich an dem ausgehobenen Erdloch. Unter ihnen bemerkte ich auch Lindemann, der sich die Geschichte kopfschüttelnd besah.

Heftig gestikulierten Schachtmeister und Baggerführer, und auch einige Rentner ließen es sich augenscheinlich nicht nehmen, ihre Meinung beizusteuern. Ganz offenkundig erhitzten sich die Gemüter zunehmend.

Wenige Augenblicke später sah ich inmitten der Menschenansammlung den Redakteur des Lindenspiegels mit gezücktem Bleistift und Block stehen. Es mußte dort wahrhaft Bedeutsames geschehen sein.

Zudem fanden sich auch zwei Polizeiautos mit zuckendem Blaulicht zu diesem morgendlichen Auflauf ein. Es dauerte nicht lange, und im Verlauf der Limmerstraße kam der gesamten Verkehr zum Erliegen. Alles gaffte, am Rand der Grube stehend, in das ausgehobene Erdloch ...

Jetzt hielt es den Frisör nicht mehr bei meinen Haaren. Wie ein geölter Blitz lief er zur Tür hinaus und gesellte sich zur Menge.

Die Revierbeamten der Gartenallee drängten die Schaulustigen energisch zurück. Behördlicherseits wurden dann rund um den Aushub rotweiße Trassierbänder gespannt und somit dem Bürger der ungehinderte Einblick in die Baugrube verweigert. Das erboste natürlich wieder die Leute ...

Mit meinem halbfertigen Haarschnitt konnte ich mich unmöglich auf die Straße wagen. Außerdem, was konnte sich dort drüben schon ereignet haben? Wenn es wirklich etwas Weltbewegendes war, würden die morgigen Ausgaben der Zeitungen es wohl haargenau berichten. Da war ich mir ganz sicher ...

Somit beobachtete ich die Szenerie recht gelassen von meiner Position im Frisierstuhl aus.

Inzwischen hatte man die Straße und somit auch das Erdloch weiträumig abgesperrt. Im Moment fuhren zwei Autos vor und parkten, von der Polizei geleitet, auf der Bürgersteigfläche zwischen Stichweh-Reinigung und der Andrea-Apotheke.

Einem Fahrzeug sei Prof. Dr. Dr. Kuhlmann mit seinem Assistenten entstiegen und mit dem anderen seien fünf seiner projektbegleitenden Studenten gekommen, so berichtete mir eine Weile später der Frisör, während er den Haarschnitt in ungewöhnlicher Eile zu Ende brachte.

Prof. Dr. Dr. Kuhlmann, so habe er in Erfahrung bringen können, sei anerkannter Ausgrabungsspezialist und befasse sich, wie auch Tony Clunn wissenschaftlich mit der Varusschlacht.

Dort, auf der anderen Straßenseite, habe man unten, in gut zweieinhalb Meter Tiefe, gerade zahlreiche Teile eines menschlichen Skeletts sowie eine Handvoll alter Tonscherben gefunden.

Wie er von den umstehenden Leuten gehört hatte, handelte es sich vermutlich bei den Knochen um die Überreste eines römischen Legionärs. Dieser sei mit seiner Kohorte, dem zehnten Teil einer römischen Legion, von „Runibergum" kommend, wohl auf dem Weg nach Derneburg bei Hildesheim gewesen. Genaueres könne er im Moment auch nicht sagen – aber der Professor werde das schon herausbekommen!

Damit war mein Haarschnitt vollendet. Rasch zeigte er mir im Handspiegel meinen Hinterkopf, strich mir mit einem breiten Pinsel die Haarfitzelchen vom Kragen, kassierte das Geld für seine morgendliche Dienstleistung und komplimentierte mich zur Tür hinaus. Danach schloß er seinen Salon ab und trat zu der Gruppe der Umherstehenden ...

Römer hin, Römer her; was scherte mich das! Sollten sie mir doch mit dem historischen Fund den Buckel hinunterrutschen. Ohnehin stand für mich unerschütterlich fest, daß die Schlacht um neun nach Christi im Teutoburger Wald stattgefunden hatte; warum sollte denn sonst dort von bewaldeter Höhe herunter das Bandel'sche Hermannsdenkmal ins weite Lippische Land grüßen? Zudem fing es wieder sachte an zu regnen.

Zielstrebig ging ich durch die neugierige Menge hinüber zu „Jacquelines Bistro" und genoß dort an einem der Stehtische einen vortrefflichen Cappuccino, während der geschichtsträchtige Fund weiterhin die Leute in Scharen anlockte.

Wochen später war dann in einer Ausgabe des Lindenspiegels zu lesen, daß bei den Bauarbeiten auf der Limmerstraße ein außerordentlicher Knochenfund für große Aufregung gesorgt habe.

Im Verlauf der hochgradig besetzten Pressekonferenz, die abschließenden nach dem Ereignis von Stadtwerke, Üstra, Tiefbauamt und der ausführenden Firma in den „Lindener Bergterrassen" einberufen wurde, führte Prof. Dr. Dr. Kuhlmann nochmals sachkundig unterstreichend aus, daß die begründete Möglichkeit keinesfalls zu unterschätzen gewesen und womöglich einfallslos bei den Haaren herbeigezogen worden sei. Einzig nur der Aufmerksamkeit des Baggerführers sei es zu verdanken, daß dieses ungeheuer tiefgreifende Wissenschaftsthema in dieser Region überhaupt wieder angeregt wurde ...

Zwar waren daraufhin die Baumaßnahmen erheblich ins Stocken geraten, aber man sei insgesamt nur unwesentlich in Zeitverzug geraten. Einzig die Fahrgäste und Benutzer der Üstra mußten für mehrere Tage im Buspendelverkehr über die Fössestraße umgeleitet werden, da sonst der rege Straßenbahnverkehr unmittelbar an der eigens eingerichteten Grabungsstätte die Forschungsarbeiten erheblich beeinträchtigt hätte.

Zöge man ins Kalkül, daß um die Zeitenwende, die Cherusker im Calenberger Land in verschiedenen Wallburgen gelebt hatten, sei die Vermutung, daß es sich im Aushub auf der Limmerstraße tatsächlich um das Skelett eines römischen Soldaten handelte, keineswegs reine Spekulation. Daß Cherusker und Römer in dieser Gegend irgendwann aneinandergeraten sein müssen, bewiesen eindeutig die 1902 auf einem Acker bei Gehrden gefundenen Denare.

Für einige renommierte Fachleute sprach eine Vielzahl von Fakten dafür, daß jene geschichtsträchtige Varusschlacht im Jahre neun nach Christus nicht im Teutoburger Wald, sondern möglicherweise in dem Gebiet um Döteberg herum stattgefunden haben könnte.

Dessen ungeachtet hielt Prof. Dr. Dr. Kuhlmann es für sehr wahrscheinlich, daß ein doch recht bedeutsamer, zu seinem Leidwesen noch nicht hinreichend erforschter Heerweg in west-östlicher Richtung von Xanten am Niederrhein nach Hildesheim geführt hatte – womöglich haargenau der heutigen Limmerstraße entlang.

Doch wie dem auch sei; nach eingehender Prüfung aller Details sowie diesbezüglichen Laboruntersuchungen und der nachträglichen Befragung ortsansässiger „Zeitzeugen", kam man zu dem Ergebnis, daß es sich a) bei der beachtlichen Menge Tonscherben, die man in mühevoller Kleinarbeit zusammengesetzt hatte, eindeutig um zerbrochene Flaschen einer recht bekannten Steinhägermarke aus Westfalen handelte, die mutmaßlich in jener Zeit bei dem einen oder anderen Polterabend in der Fanny- oder Mathildenstraße Verwendung fanden und daß b) die menschlichen Knochenreste zu einem Anschauungsskelett aus dem Biologieunterricht der Schule in der Fröbelstraße gehört hatten.

Wahrscheinlich hatten Schüler, die in einer der Bombennächte im Herbst des Jahres 1944 oder auch in den nachfolgenden Kriegswirren bei der Evakuierung ihrer Schule mithalfen, das Skelett kurzerhand in einen Bombentrichter geworfen ...

Mutmaßliches über Linden

Zehnte Episode

Allein bedenkt, der Berg ist heute zaubertoll, und wenn ein Irrlicht euch die Wege weisen soll, so müßt ihr's so genau nicht nehmen ...

Nahezu lautlos drehte sich die Schallplatte auf dem Abspielgerät. Bedingt durch die Stummschaltung der angeschlossenen Kommentatoreinheit und die Stille im Studioraum, war das feine Abtastgeräusch des Saphirs zu hören.

Der sanfte Märchenerzähler Donovan, von dem nicht viele wissen, daß er die Musik zum Film „Der Rattenfänger von Hameln" komponiert hatte, sollte als Pop-Parzifal den beschwörenden Zauber dieser späten Stunde mit dem Song „Hurdy Gurdy Man" geheimnisvoll unterstreichen.

In dieser Nacht wie auch in den vorherigen Nächten saß ich im Studio I vor dem Sprechermikrofon, und führte die Hörer durch die Sendung „Nächtliche Schallplatten-Funkstunde". Zwar klang der Sendetitel etwas flach und ein bißchen nach Omas Nähkästchen, aber es kam bekanntlich auf den Inhalt an!

Diese Sendung auf 106,5 Megahertz von Radio FLORA war keine anonyme Nachtbegleitung mit Uhrzeitansage. Der Mix aus handverlesener Musik, Hintergrundinformation und spontanen Kommentaren kam trotz vereinzelter Unkenrufe recht gut an.

Der feste Hörerstamm bestätigte mein Konzept, das ich an das von Wolfman im Film „American Graffiti" angelehnt hatte: Ein wenig kurzweilige Plattenplauderei im Stil von Hanns Werres, verbunden mit den außerordentlichen Scheiben aus jener Zeit der Beatniks, Happeningkünstler, Jack Kerouac-Leser, Parka- und Turnschuhträger.

Darüber hinaus waren vage Anlehnungen an die einstigen Radiostationen „Radio Veronika" respektive „Caroline" nicht von der Hand zu weisen und durchaus gewollt.

Meine Nachtsendung war also dem pochenden Zeitgeist der 60er und 70er Jahre verschrieben – der umfangreiche Stapel Schallplatten deckte die ganze Bandbreite zwischen Ray Charles, Scott Joplin, Mister Acker Bilk, Dutch Swing College Band, Harry Belafonte, Mary Hopkin, Bob Dylan, Joan Baez, Eric Burdon, Manfred Mann,

Joe Cocker, Beach Boys, Kings, Who, Ventures, Eddie Cochran, Chick Corea, Stevie Wonder und den Beatles ab. In den heutigen Nachtstunden sollte einiges von diesen Interpreten wieder einmal über den Sender gehen und auf 106,5 Megahertz die Hörer erreichen ...

Die Abfolge des Programms war heute allerdings etwas anders, als es die Stammhörerschaft von den vorausgegangenen Sendungen diesen Zuschnitts gewohnt war. Ab einundzwanzig Uhr brachte sich das ideenreiche Team von Radio FLORA unter Einbindung der Lindener Kultur mit einem bemerkenswerten „Mitternachtspezial" in das laufende Programm ein. Der Sendeplan beinhaltete für die kommenden Stunden mehrere Liveschaltungen; so war es vom Planungsteam am Konferenztisch vorbereitet worden.

Ich hatte für die Nacht zahlreiche selten gespielte Titel wie „Mercy, Mercy, Mercy" vom Cannonball Adderley Quintet, The Drifters mit „Under The Boardwalk", The Foundations mit „Build Me Up Buttercup", Simon und Garfunkels mit „Bridge Over Troubled Water"und Dave Brubecks „Take Five" vorbereitet.

Für die schwarzen Scheiben besaß ich ohnehin ein Faible. Zu einer mit Vulkanhitze gepreßten Schallplatte hatte ich ein ganz anderes Verhältnis als zu dem entseelten Silberling mit den aufgedampften Bits. Überdies hielten Schallplatten den Benutzer zu sorgsamer Behandlung an. Schnell war durch eine Unachtsamkeit ihre makellose „Unschuld" dahin, und manch handfestes Knacken trübte den Hörgenuß.

Im übrigen klang für mich die in Vinylscheiben gepreßte Musik grundlegend anders, als wenn sie digitalisiert von der CD eingespielt wurde: Der Sound einer Schallplatte war subjektiv wärmer, einfühlsamer und irgendwie näher dran – egal ob bei Rock, Jazz oder Klassik.

Wahrscheinlich hing meine Empfindung mit jahrelangen Hörgewohnheiten zusammen. Eine Rock 'n Roll-Scheibe mit Fats Domino am Piano oder eine Jazzaufnahme mit Miles Davis benötigte in meinen Augen beziehnungsweise Ohren die Patina einer heißen Vinylpressung – eben diese überbrachte Aufnahmetechnik ...

Auf dem Parallelgerät nebenan drehte sich schon der vorbereitete Musiktitel „Nights In White Satin" von der Popgruppe Moody Blues.

Drüben hinter der doppelten Glasscheibe in der stark abgedunkelten Senderegie saß Heike vor dem ausladenden Mischpult und betreute die 106,5 Megahertz zu dieser Stunde sendetechnisch.

Hinter ihr, im völlig dunklen Studioraum II, signalisierte das matt schimmernde Grün der Mikrofonleuchte, daß sämtliche Regler an der Mischkonsole geschlossen waren und sich der tontechnische Übertragungsweg von dort in die Senderegie im inaktiven Zustand befand. Bis vor gut einer Stunde hatte dort noch Hermann Beddig an einer Kultursatire mit dem Titel: „Applaus – das wahrhaftige Brot für den Künstler?!" gearbeitet.

Im gewöhnlichen Nachtsendebetrieb aber war dieses Studio nicht vonnöten und befand sich darum zur Zeit im „Standby-Betrieb".

Die Zeiger auf dem Zifferblatt der vom schwachen Lichtschein erhellten Studiouhr neben dem blinkenden Leuchttableau „Achtung Sendung" zeigten inzwischen elf Minuten nach Mitternacht an: Walpurgisnacht ...

Beim ausgelassenen Hexensabbat unter den zwölf Säulen des Leibniztempels im benachbarten Georgengarten von Herrenhausen gingen die einhundert Liter „Kühles Gold" vermutlich langsam zur Neige; „Salute, Genio Leibnitii!"

In wenigen Minuten sollte sich das Team um Jo Schrader in einer weiteren Direktschaltung vom Lindener Berg melden. Aus dem leise gestellten Kontrollautsprecher hörte ich bereits, wie Jo Schrader mit Heike und Petja Wundenberg über den nächsten Übertragungseinsatz sprach.

Seit dem Beginn der auf dem Lindener Berg stattfindenden „walpurgisch angehauchten" Kulturnacht um einundzwanzig Uhr hatte sich Jo Schrader programmgemäß bereits mehrfach mit Beiträgen gemeldet, die dann von Heike in das laufende Sendeschema eingefädelt wurden.

Kraftvolle Lebendigkeit in Linden – hörbares Erleben: Die von Freizeitheim, Kulturamt, Jazzclub, Mittwochs-Theater, Turmkneipe und Netzwerk gemeinsam arrangierte Veranstaltung „Walpurgisnacht – Ein Berg voll Kultur – Der Lindener Berg zwischen Hörselberg und Zauberberg" bot sich für eine Einbindung ins Radioprogramm geradezu an. Zumal im Vorfeld sämtliche Karten für diese Veranstaltung bereits binnen kürzester Zeit restlos vergriffen waren.

Somit gab das Radio FLORA denen, die keine Karten ergattern konnten, auf seiner Welle einen Eindruck dessen, was sich in dieser Walpurgisnacht oben auf dem „Lindener Hausberg" tat.

Bereits drei, vier Wochen vorher wurde immer wieder der Jingle für diese „Berg"-Veranstaltung in das Programm eingeflochten, um so die Radiohörer auf diesen Termin aufmerksam zu machen. Eine raffiniert abgemischte Untermalung, zusammengesetzt aus George Zamphirs Panflöte und Orgel sowie ein paar Takten aus Mendelssohn Bartholdys Sommernachtstraum, gaben dem hinweisenden Text die richtige Note.

Einige Tage vor der Veranstaltung war der komplette Berg von Petja Wundenberg und Hossein Naghirpour mit den zur Verfügung stehenden knappen Mitteln gekonnt verkabelt worden, so daß alle Spielstätten an den FLORA-Übertragungswagen angebunden waren.

Viele Meter Kabel verbanden das kleine Tonstudio des Jazzclubs, die Dachfläche des Wasserbehälters der hannoverschen Stadtwerke, den vorgelagerten Wiesenhang, die Turmkneipe, den Pavillon auf dem Bergfriedhof und die steinalte Linde, unter der sich die Ausblickplattform befand, mit dem Anschlußfeld des Übertragungswagens. Für die Techniker eine außerordentlich aufwendige Aktion und eine hervorragende Leistung für das kleine, nichtkommerzielle Lokalradio in Linden!

Rechtzeitig zum Abend der Übertragungen „standen" alle Anschlüsse und Leitungswege. Radio FLORA war auf UKW 106,5 und im Kabel auf 102,12 „on the air": „Walpurgisnacht – Ein Berg voll Kultur – Der Lindener Berg zwischen Hörselberg und Zauberberg"; fanget an ...!

Jüngst sah ich mit eigenen Augen / einen blühenden Kirschbaum. / Verletzliche Scheinwelt der Schöpfung, / deren ganze Außenwirklichkeit / vorgeblich im Sinne / der Trauminhalte sich auflöste, / indem daselbst bei Mondenschein / die kühle Nacht / durch die Blätter brach ... / Brockes Kirschblüte bei Nacht / Die Weltferne eines Phantasten.

Pünktlich um einundzwanzig Uhr ging Jo Schrader, gedämpft sprechend, um die Innigkeit des Zaubers dieser beginnenden Maiennacht nicht zu stören, mit der ersten Sequenz vom Lindener Berg live auf Sendung.

Einfühlsam schilderte er den Hörern das Stimmungsbild:

Auf dem alten mit Bäumen bestandenen, verwunschenen Grund des Bergfriedhofs, unmittelbar in Nähe des zweiflügeligen Tors, hatten Ernst-Erich Buder und Alexander May, auf einer verschnörkelten Gartenbank vor dem geheimnisvoll angeleuchteten Belvedere-Pavillon sitzend, einen großen Kreis von Zuhörern um sich geschart und rezitierte mit herrlicher Ausdrucksfülle und köstlicher Gestik jene bewußte Szene aus Goethes Faust:

Walpurgisnacht. – Harzgebirg – Gegend von Schirke und Elend.

Verlangst du nicht nach einem Besenstiele? ... / In die Traum- und Zaubersphäre / Sind wir, scheint es, eingegangen. / Führ' uns gut und mach' dir Ehre! / Daß wir vorwärts bald gelangen, / In den weiten öden Räumen. ... / Und das Echo, wie die Sage / Alter Zeiten, hallet wider. .../ Aber sag' mir ob wir stehen, / Oder ob wir weiter gehen? .../ Ja, den ganzen Berg entlang / Strömt ein wütender Zaubergesang! – / Allein bedenkt! der Berg ist heute zaubertoll, / Und wenn ein Irrlicht Euch die Wege weisen soll, / So müßt ihr's so genau nicht nehmen ...

Atemlos lauschte das Publikum dem hinreißenden Vortrag. Ein jeder der dicht beieinanderstehenden Zuhörer hielt eine angezündete Kerze in den Händen. Das flackernde Kerzenlicht warf groteske Schatten auf die Front des Pavillons, und die blanken Fensterscheiben reflektierten ihren Schein.

Nachdem Ernst-Erich Buder und Alexander May geendet hatten, richtete sich Jo Schrader sogleich auf einem anderen Schauplatz ein, wo derweil ein Schauspiel des Mittwochs-Theaters zur Aufführung gelangte.

Unter dem alten Lindenbaum gleich neben dem wehrhaften Mühlenstumpf der Turmkneipe, von wo man die Aussicht hinüber zum Deister und zur Hildesheimer Börde genießen konnte, begeisterte das Ensemble die Leute mit einem Ausschnitt aus dem Theaterstück „Scherz, Satire, Ironie und tiefere Bedeutung":

„Sieh, da liegt es, das väterliche Dorf! — Wie hats Ihnen in Italien, dem Lande, wo die Steine sprechen, gefallen. Gewahrt man an der Venus von Medicis noch immer keine Altersschwäche?"

Als das Spiel unter anhaltendem Applaus zu Ende ging, gab Jo Schrader mit der Bemerkung, parat zu sein beim nächsten kunstvollen Kleinod, wieder zurück ins Studio, und ich erfüllte im weiteren Verlauf der Sendung mit meiner umfangreichen Sammlung von Schallplatten plaudernd angetragene Hörerwünsche.

Dort draußen im weiten Umland frönten die Hörerschaft von Radio FLORA der Walpurgisnacht; beschworen die Erd- und Luftgeister, erblickten den Nachtmahr, wie er an der silbernen Windfahne drehte, gaben dem nächtlichen Hexenspuk nach, fühlten sich über alle Maße angezogen von der geistreichen Gestalt des Francois d' Abra und ließen sich allemal von absonderlichen Kobolden an der Nase führen ...

Eine winzige Passage aus der symphonischen Dichtung „Der Zauberlehrling" von Paul Dukas als Musikhintergrund einblendend, sprach ich von diesem und jenem und stellte die Rätselhaftigkeit der Walpurgisnacht mit ihrem lächerlichen Hexenwerk in Frage:

In Wortverdrehungen und versteckten Anzüglichkeiten spottete ich um die historische Gestalt der Walpurga herum. Hinter den Scheiben hob Heike bereits warnend ihren Finger, schüttelte bedenklich ihr Haupt und unkte über Regiekopfhörer, daß ich dieses

Thema besser nicht überziehen solle – die Materie könne schnell zum Verhängnis werden! Zumindest in dieser Nacht ...!

Mit ein paar überleitenden Worten sandte ich Louis Armstrongs „What A Wonderfull World" in die Dunkelheit der angebrochenen Walpurgisnacht.

Nach einem halben Dutzend weiterer Hörerwünsche, meldete Jo Schrader sich wiederum vom Berg. Dieses Mal war er hinabgetaucht in den Keller des Jazzclubs.

Hier entsprach die Stimmung inzwischen dem eines wahrhaftigen Hexensabbats. Und „Mike" Gerke ließ es sich nicht nehmen, die Hörer von Radio FLORA persönlich zu diesem Jazzmeeting im Club einzuladen. Anschließend spielte eine erlesene Formation von Musikern um den Altmeister am Piano, „Champion" Jack Dupree. Nachdem die Musiker den Gästen „Warehouse Man Blues", „I'm Tired Of Moanin", „Gamblin Man Blues", und „Goin' To Paris" zu Gehör gebracht hatten, spielten sie ausgelassen impulsiven Boogie Woogie.

Während nun die FLORA-Hörer an Ihme, Leine und Fösse der Musik aus dem Jazzclub folgten, wechselte Jo Schrader hinüber zum Wiesenhang unterhalb des Wasserbehälters, wo Carsten Bethmann mit einer Reihe türkischer Musiker eine anspruchsvolle Klanginstallation vorbereitet hatte.

Ein leichter Windhauch verfing sich in mehreren unterschiedlich tönenden Glasharfen und dünnen Klangblechen. Dieser sphärisch anmutende Klang vermischte sich mit dem von zart angeschlagenen Tamtams, gehaltvollen Saxophontönen und den aus verschiedenen Richtungen herüberwehenden Klängen gefühlvoll gespielter, türkischer Instrumente.

Ergriffen lauschte das auf dem Wiesenhang verteilte Publikum dieser ausgefallenen Musikdarbietung.

Die fernen Klänge des holländischen Straßen-Orchestrions, dessen Instrumentenwagen, wirkungsvoll angestrahlt, „Am Steinbruch" Aufstellung genommen hatte und in dessen Bann ebenfalls ein Teil des Publikums gezogen wurde, mischten sich leise die Tonkomposition ...

Nachdem die Hörer einen Eindruck davon übermittelt bekommen hatten, verabschiedete sich Jo Schrader vorübergehend, um zur vollen Mitternacht vom Plateau des Wasserbehälters über die Darbietung „Von der erheblichen Sehnsucht – Singsang in den Mai" der „Vorstadt Carusos" zu berichten.

Die bis dahin verbleibende Zeit füllte ich mit Hörerwünschen, die zwischenzeitlich bei mir eingegangen waren.

Behutsam senkte ich den Abnehmerarm des Studiolaufwerks in die Rillen. Wie aus weiter Ferne herangetragen, konnte ich alsbald die warme Stimme von Otis Redding vernehmen: „Sittin' On The Dock Of The Bay" – „Left my home in Georgia; headed for the Frisco Bay. I have nothin' to live for; looks like nothin's gonna come my way. So I'm sittin' on the dock of the bay, watching the ride roll away."

Diesem Titel lauschte ich lange nach und fügte mit Bedacht eine Zäsur ein, bevor dann „Hymn" von Barclay James Harvest über den Sender ging. Ein weiterer Hörerwunsch fügte sich fabelhaft in den Programmblock dieser Nacht ein: „Europa-Earth's Cry, Heaven's Smile" von Carlos Santana vom Album „Viva"; ein poetischer Rhythmusrausch in satten Klangfarben.

Bisweilen mußte Heike mich von der anderen Seite der Studioscheibe unterstützen, da manche Wunschtitel wie zum Beispiel Paolo Contes „Hemingway" oder „Alle Prese Con Una Verde Milonga" nur auf CD zur Verfügung standen. Heike machte mir durch die Scheibe ein Zeichen, daß beide Titel übergangslos gemischt seien und somit fast neun Minuten Spieldauer besäßen ...

Auf die Studiouhr blickend, erkannte ich, daß mit einem Quentchen Glück Jo Schrader auf dem Berg Paolo Conte auf der CD ohne eine entstehende Pause folgen würde.

Und es trat tatsächlich so ein; die letzten Klänge verwoben sich in die Anmoderation der vorletzten Sequenz von Jo Schrader. Heike und ich beglückwünschten uns lautlos durch die Glasscheibe.

Auf dem Wasserbehälter unter klarem Sternenzelt hatten die drei „Vorstadt Carusos" Aufstellung genommen und gaben sich gegenseitig den Kammerton.

Bereits dieses Einstimmen war umwerfend komisch. Anschließend erklärte einer der Sänger, daß man gewillt und gleichermaßen im Begriff sei, dem geschätzten, dem anwesenden sowie dem draußen an den Radiogeräten sitzenden Publikum eine altüberlieferte Kanzone darzubringen. Ein im weiten Land allerorts bekanntes Volkslied. Dieses aber, so sei es den Vortragenden gewährt, böten sie in den unterschiedlichsten Klang- und Stilrichtungen dar. Wenn die geneigten Ohren bereit seien, so wolle man nun beginnen. Der Mai ist gekommen! Seid bedacht und gebt allesamt fein acht!

Nach diesen einleitenden Worten folgte ein hinreißendes Kabinettstückchen voller Drolligkeiten. Schlicht umwerfend, mit welch praller Komik einerseits und feinem Witz andererseits die „Vorstadt Carusos" ihr Publikum fesselten und beschwingte Heiterkeit erzeugten.

Auf dem Plattenteller drehte sich nun bereits der vorbereitete Titel „Nights In White Satin“ von der Popgruppe Moody Blues. Nach dem Wegschalten der Live-Leitung, startete ich die konservierte Musik.

Später wollten wir ein weiteres Mal hoch zum Berg schalten und für die Hörer dabei sein, wenn zu fortgeschrittener Stunde Wolfram, sich auf seiner Drehleier begleitend, in der Turmkneipe deftige Sauflieder zum besten gab. Sozusagen als krönender Abschluß der Übertragung auf Radio FLORA 106,5 Megahertz ...

Gedankenverloren schaute ich hinüber zu Heike, die, nachdem sie gerade an einem Becher Kaffee genippt hatte, ihre Kopfhörer aufsetzte und ein paar Knöpfe auf dem Mischpult betätigte. Wahrscheinlich besprach sie mit Jo Schrader vorbereitend die letzte Übertragungssequenz vom Lindener Berg.

Am Studiotisch vor dem hängenden Sprechermikrofon sitzend, blätterte ich, die Zeit zum nächsten Titel überbrückend, im informativen Albumcover der Moody Blues. Unter Einbindung aufwendig instrumentierter klassischer Elemente wurde der Song „Nights In White Satin“ in schwelgerischen Klangdimensionen nach Motiven einer Bachkantate komponiert ...

Erinnerungen ließen meine Gedanken abschweifen; der Text verschwamm vor meinen Augen. Für einen Moment gab ich meiner Fantasie nach: Es war einmal in den Nachtwolken – vor undenklicher Zeit. Am Fuß des Berges Parnaß versank lautlos eine weiße Säulenhalle, indessen sich wie im Traum die schimmernde Abendröte vom Morgenland entfernte und im Sternenstaub des Glasberges spiegelte. Überbrachte Märchen erzählen von den stillen Winkeln im fernen Alkorien: ... was seyd ihr so einfältig gewesen und habt euch vor dem Frosch gefürchtet!

Ich verlor mich in Zeit und Raum ...

Plötzlich merkte ich, wie Heike hinter der dicken Glasscheibe im Regieraum äußerst erregt Zeichen machte. Ihre Aufregung nicht gleich verstehend, winkte ich beschwichtigend ab, tat so, als sei ich direkt am Puls der Zeit und lächelte ihr kollegial zu. Kein Grund zur Aufregung! Noch waren die Moody Blues nicht am Ende ihrer schwelgerischen Komposition angelangt; das Fortissimo stand noch aus ...

Doch Heike schnippte ungeduldig mit den Fingern und deutete mit übergroßer Gestik auf die Kommentatoreinheit. Aufgebracht zeigte sie hinüber in das Studio II.

Im Nu bemerkte ich, daß das komplette Licht im Studio II angeschaltet war und ein mir gänzlich unbekannter Mann, vor dem Mikrofon gestikulierte. Die Mikrofonleuchte des Studios II zeigte rotes Licht; eindeutig das Zeichen, daß sich das Sprechermikrofon im eingeschalteten Zustand befand. Mir schwante Übles ...

Nachdem ich die Kommentatoreinheit angeschaltet hatte, vernahm ich auf der zusammengeschalteten Abhörschiene, daß Jo Schrader vom Lindener Berg die letzte Sequenz für diese Walpurgisnacht ankündigen wollte, der Orchesterpart auf der Schallplatte „Nights In White Satin" in einem atemberaubenden Fortissimo verklang, die gänzlich verärgerte Stimme Heikes an mein Ohr drang und ein überdrehtes, anscheinend alkoholisiertes Gerede in einer mir nicht geläufigen Sprache übertragen wurde. Ein höchst merkwürdiger Vorgang!

Ich schaltete kurzfristig um auf Originalsendeton; alles in bester Ordnung, so schien es mir vorerst jedenfalls.

Aus dem Kontrollautsprecher klang die ruhige Stimme von Jo Schrader. Im Hintergrund lief vom Berg bereits der nächste Programmbeitrag. Während ich nochmals hinüber in die Senderegie schaute, drehte ich die Lautstärke bei mir im Studioraum um eine Nuance herunter.

Ich hörte Heikes Stimme. Mir den Rücken zuwendend, redete sie auf die fremde Person im Studio II ein. Offenbar behielt sie noch ihre Contenance, aber das Problem schien nicht behoben. Nach wie vor konnte ich mir keinen Reim auf die Vorgänge dort drüben hinter den Studioscheiben machen.

Mit einem Mal lag Heikes Stimme über der wohlformulierten Ansage von Jo Schrader, während Wolfram oben in der Turmkneipe begann, dem Publikum seine Sauflieder darzubieten.

Was um alles in der Welt ging bloß in der Senderegie vor? Welches Problem hatte sich dort aufgetan? Immerhin waren wir doch auf Sendung!

Ziemlich aufgebracht fragte Jo Schrader in das Reportermikrofon hinein, ob bei uns im FLORA-Funkhaus alles in Ordnung sei. Auf seinem Kopfhörer höre er seit geraumer Zeit eine sehr merkwürdige Kommunikation, und er könne sich überhaupt nicht erklären, was los sei. Eingreifend meldete sich daraufhin Petja Wundenberg aus dem Übertragungswagen und versuchte in seiner stets besonnenen Art, die Ursache für dieses Durcheinander auf den Leitungen zu erforschen. Mit ruhiger Stimme gab er über eine Kommandoleitung seine Anweisungen direkt ins Studio.

Im selben Augenblick stand Heike unmittelbar vor der Glasscheibe zum Studio II und herrschte die dort am Mikrofon sitzende Person an. Es war deutlich zu hören: Heike sprach russisch. Entgeistert schaute ich zu ihr hinüber. So heftig hatte ich sie noch niemals erlebt.

War die mir fremde Person dort im Studio II jemand vom russischen Redaktionsteam? Schneite einfach zu dieser Stunde herein und brachte Unruhe ins Studio. Seltsam ...

Entschlossen schaltete ich mein Mikrofon an und fragte zu Heike hinüber, was denn eigentlich passiert sei.

Heike beugte sich daraufhin über das Sendemischpult, schaltete ihr Mikrofon dazu und berichtete mir völlig aufgelöst von den Vorgängen der letzten Minuten.

Also: Sie habe vor dem Sendemischpult gesessen, während „Nights In White Satin" eingespielt wurde und über den Sender ging.

Noch war ein bißchen Zeit, bis sich der „Berg" wieder melden wollte. Alles war bereits vorbereitet für die Liveschaltung, und sämtliche Leitungen waren aktiviert. Für einen kleinen Moment sei sie dann träumerisch der Musik der Moody Blues gefolgt.

Alsdann sei alles rasend schnell gegangen. Ganz plötzlich sei dieser Mann zur Tür hereingestürzt und habe in russischer Sprache etwas von Okkupation der Radiowelle gefaselt.

Sie sei im ersten Moment völlig perplex gewesen.

Der Mann habe immer wieder lautstark und unbeherrscht „Okkupation, Okkupation!" gerufen.

Bevor sie sich habe besinnen können, sei der Fremdling abrupt wieder hinausgegangen, habe die Tür zugeknallt und obendrein mit dem steckenden Schlüssel das Schloß verriegelt.

Augenblicke später sei er dann unversehens im Studio II aufgetaucht. Dort habe er wahllos an den Knöpfen der Mischkonsole herumgefummelt, das Sprechermikrofon aufgezogen und sich in die laufende Sendung eingeschaltet. Nach einem gehörigen Schluck aus der mitgebrachten Wodkaflasche habe er angefangen, auf deutsch-russisch ein Selbstgespräch zu führen.

Er sei Norbert Olesch aus Orenburg. Vor einem halben Jahr sei er aus der Orenburgskaja gekommen. Dort, im weiten Osten Rußlands, habe er ehedem Sommer wie Winter bei der Eisenbahn gearbeitet. Jetzt habe er den Status eines Spätaussiedlers, wohne hier in Linden, sei arbeitslos und halte sich mit dem Verkauf von Ledergürteln und Geldbörsen über Wasser. Abend für Abend klappere er Lindens Kneipen ab und brächte diese Sachen für ein paar Mark an den Mann ...

In dieser Nacht zum 1. Mai habe er an seine Freunde Wladimir, Gregor und Ilja denken müssen. Um Trost zu finden habe er dem Wodka zugesprochen.

Im Restaurant MARUSIA sei ihm, nachdem er ein ausgezeichnetes Geschäft getätigt hatte, bei Bejelorosskjie und Tschakkum bili die

Idee gekommen, seine alten Kumpel zum internationalen Arbeiterkampftag über „Kurze Welle Radio" mal eben zu grüßen. Er müsse das unbedingt tun! Außerdem kenne er ja die Sendung „FLORA spricht Russisch". So habe er sich schnurstracks auf den Weg zum Sender gemacht ...

Okkupation! Norbert Olesch aus Orenburg hatt Radio FLORA besetzt ...

Nun war Heike gewaltig erzürnt und völlig aus der Fassung, weil sie dem Mann nicht hatte klarmachen könnten, daß diese Radiostation auf UKW sowie im Kabel seine Hörer erreichte und somit für die Freunde am fernen Eisenbahnknotenpunkt Orenburg hinter dem Uralgebirge nie und nimmer zu hören war.

Norbert Olesch aus Orenburg bestand auf diesen Gruß. Er hatte Heike im Regieraum eingeschlossen und die Tür zum Studio II ebenfalls fest verriegelt. Ein kolossaler Handstreich und Auslöser eines heillosen Durcheinanders! Was war zu tun?

Ich löste mich langsam aus der Erstarrung und befreite Heike umgehend aus ihrer mißlichen Lage. Nach einer kurzen Beratung beschlossen wir, Norbert Olesch, Spätaussiedler aus Orenburg, einen Gruß über Radio FLORA an seine Freunde hinterm Ural zu gestatten. Was blieb uns auch anderes übrig, denn diese Sache war ihm ohnehin nicht auszureden.

Er hatte den festen Willen, Wladimir, Gregor und Ilja zu grüßen; basta! Und an dem Musikwunsch „Moskauer Abende" nach einem Text von Matogowsky, den er mit diesem Gruß verbinden wollte, sollte die Sache keinesfalls scheitern.

Zwar würde der Gruß auf unserer UKW-Welle 106,5 Megahertz Orenburg im fernen Rußland niemals erreichen, aber wem tat es weh, wenn Nobert Olesch seine Freunde über unser Radio grüßte?

Ihm, der völlig angetrunken in diese absurde Idee vernarrt war, den gewichtigen Unterschied zwischen einem Lokalradiosender auf UKW und einem weltweiten Kurzwellensender zu erklären, wäre momentan wahrscheinlich völlig zwecklos gewesen.

Gerade wollten wir Norbert Olesch im Studio II unseren Entschluß mitteilen, da sahen wir ihn hinter der Glasscheibe zusammengesunken vor dem Sprechermikrofon sitzen und, vom genossenen Wodka übermannt, schlafen.

Während wir noch nicht wußten, ob wir über die Tragikomik des Moments lachen oder weinen sollten, klingelte das Telefon.

Ein FLORA-Hörer aus Neustadt teilte uns mit, daß er noch nie ein so packendes und lebensnahes Hörspiel auf der Frequenz gehört habe!

„Mensch Leute, ein wirklich toller Regieeinfall, dieses Hörspiel! Einfach genial und cool – wie damals bei Orson Welles in New York. Wirklich nah dran am richtigen Leben! Tolle Sache! Alle Achtung, Radio FLORA! Macht weiter so! Gleichzeitig möchte ich noch schnell einen Wunsch, verbunden mit einem Gruß an „www.halloLinden.de" äußern: Tribute to Buddy Holly ..."

Völlig entgeistert legte Heike den Telefonhörer auf. Augenblicklich stockte uns beiden das Herz. Betroffen schauten wir uns an.

Im nächsten Moment stach uns sodann das rote „On Air"-Leuchttableau in die Augen.

Um Himmels willen – in dem ganzen heillosen Durcheinander des unvorhergesehenen Auftretens von Norbert Olesch aus Orenburg hatten wir total vergessen, die eingeschalteten Mikrofone und die weiteren Nebenübertragungswege vom Sender zu nehmen oder zu sperren ... Verwünschte Stunde!

Somit ging seit einer knappen Viertelstunde das ganze Chaos geradewegs über den Sender von Radio FLORA – 106,5 Megahertz. Eine wahrhaft prekäre Situation!

Entsetzt rauften wir uns die Haare. Hals über Kopf stürzte Heike an das Sendemischpult und schaltete eiligst alle Mikrofone sowie sämtliche Nebenübertragungswege aus. Zur Sekunde leuchtete in jedem Studioraum an den Sprechermikrofonen erlösend das grüne Licht auf.

„Im Turmgebälk und Branntewein, da muß man schon ein Schuhu sein ..." Von anzüglichem Spott durchsetzt, drang aus der Turmkneipe das laufende Programm an unser Ohr.

Walpurgisnacht auf dem Lindener Berg ... Einzig die eine aktive Sendeleitung übertrug gerade den Schluß eines von der Drehleier untermalten, altertümlichen Saufliedes in die Studioregie von Radio FLORA.

Geheimnisvolle Magie der Walpurgisnacht; die Zeiger der Studiouhr standen wenige Minuten vor eins; die Sendezeit vom Lindener Berg ging zu Ende ...

Aber sag' mir ob wir stehen, oder ob wir weiter gehen? ... Allein bedenkt! der Berg ist heute zaubertoll, und wenn ein Irrlicht euch die Wege weisen soll, so müßt ihr's so genau nicht nehmen.

Norbert Olesch, Spätaussiedler aus Orenburg – jetzt konnten auch wir ohne weiteres einige Gramm Wodka gebrauchen.

„Moskauer Abende" nach einem Text von Matogowsky ging um 1.23 Uhr Ortszeit hinaus über den Sender in die Dunkelheit der Nacht zu den Freunden Wladimir, Gregor und Ilja in der Stadt Orenburg am Eisenbahnknotenpunkt hinter dem Uralgebirge ...

Elfte Episode

Zukunft braucht alle Köpfe ...

Noch während die Tür hinter ihnen ins Schloß fiel, verabschiedete Willi sich ziemlich knapp und völlig abrupt von Spiro, seinem ehemaligen Arbeitskollegen. Vollkommen abwesend gab er Spiro die Hand und murmelte dabei irgend etwas Unverständliches.

Gerade wollte er loseilen, als Shakiba lachend hinter ihm herrief und ihm sein Spruchband nachtrug, das er am Morgen bei der Maikundgebung auf dem Klagesmarkt dem Bundeskanzler energisch entgegengestreckt hatte: „Nun mal ran, Schröder!"

Etwas umständlich wickelte er das sperrige Transparent zusammen, weil die beiden zweckentfremdeten Besenstiele ihm immer wieder herausrutschten.

Bereits im Verlauf der Kundgebung auf dem Klagesmarkt, wo er weniger als zehn Schritte von der Sprechertribüne entfernt gestanden hatte, nervte ihn dieses Spruchband.

Verschiedentlich verfing sich der auffrischende Wind im Transparent und blähte es beträchtlich auf, so daß er es zeitweilig kaum richtig hochhalten konnte. Wiederholt mußte er es herunternehmen. So hatte er sich das mit seiner Botschaft eigentlich nicht gedacht. Er gab ganz offen zu, daß die vom Bundeskanzler angesagte „Politik der ruhigen Hand" nicht unbedingt seine Sache war. Er wünschte sich etwas mehr ... Eben den alten Kampfgeist: „Nun mal ran, Schröder!"

Als er dann im Anschluß an die Reden zum 1. Mai inmitten ehemaliger Kollegen, Gewerkschaftler und Betriebsräte an dem stark umlagerten Herrenhäuser Bierausschank stand, foppten diese ihn zu seinem Verdruß auch noch wegen der offenkundigen physikalischen Unzulänglichkeit seines markigen Spruchbandes: Er, Willi, habe ja während der Kundgebung beachtlich mit seinem selbstgebastelten Spruchband zu kämpfen gehabt. Der prägnante Text ginge schon in Ordnung. Daran war nichts auszusetzen! Nur habe er überhaupt keine Löcher in das Tuch des Spruchbandes geschnitten! Ein solch alter Hase wie er müßte doch damit eigentlich Bescheid wissen, meinten sie und drückten ihm, als er aufbrausen wollte, beschwichtigend ein Bier in die Hand.

„Mach mal halblang, Willi, und zum Wohlsein! Das Spruchband kannste ja nächstes Jahr wieder verwenden; der Gerhard hat ja als Bundeskanzler noch Zeit zum Rangehen. Aber vergiß nicht, mit der Schere Löcher in das Tuch zu schneiden!" Sogleich lachten alle Umherstehenden herzhaft über Willi.

O, dieses Hänseln konnte er nicht so einfach verknusten und diese billigen Sprüche wurmten ihn gewaltig. Das war einfach nicht schön von denen! Diese jungen Dachse! Waren doch durchweg noch grün hinter den Ohren! Er hatte als aktiver Gewerkschaftler fraglos schon an Maikundgebungen teilgenommen, als die noch in den Windeln lagen. Die konnten ihm doch nichts erzählen!

Wie oft hatte er nach Beendigung einer Kundgebung mit Egon Franke, Walter Arendt, Georg Leber und den anderen hier an dieser Stelle beim Bierchen zusammengestanden ... Das waren noch Zeiten! Da machte keiner dumme Sprüche, sondern alle packten kräftig an! Damals wehte sowieso ein ganz anderer Wind! Früher bedeutete Gewerkschaft noch gemeinsamer Kampf der Arbeiterschaft für eine umfassende und tiefgreifende Mitbestimmung am Arbeitsplatz, und der Slogan „Am Samstag gehört der Vati uns" hatte noch einen Sinn ...

In jener Zeit konnte man getrost von einer geballten Arbeiterbewegung sprechen! Löcher im Spruchband! Also nee – nur dußliges Zeug und lächerlicher Schnickschnack! Haben doch komplett keine Ahnung! Diese neunmalklugen Korinthenkacker!

Gegenwärtig war mit Willi nicht mehr gut Kirschenessen. Darüber hinaus ergrimmte es ihn, daß eine nebenan vor dem DGB-Jugendzelt stehende Gruppe Halbwüchsiger lautstark Sprüche wie „Gib mir mal 'ne Pulle Bier!" und als Echo darauf „Kein Freibier für Schröder!" skandierten. Dazu hielten sie immer mal wieder ein Pappschild über die Köpfe der Menge, auf dem zu lesen stand: „Gerhard ist unbedingt der coolere Helmut bei den Arbeitgebern!" Was sollte das nun wieder?!

Die konnten nur Sprücheklopfen ... Mal richtig die Ärmel aufkrempeln und fest mit anpacken, das kannten diese Grünschnäbel doch gar nicht! Machten hier lautstark den Bundeskanzler schlecht! Nur Miesmacher und Nestbeschmutzer! Das gehörte sich einfach nicht!

Willi kam richtig in Rage und war gerade im Begriff, sich den ersten Besten aus der DGB-Jugendgruppe zu greifen, um ihm die Meinung zu sagen, als die jungen Leute unversehens ihre geleerten Biergläser einsammelten, sich gesittet zur verwaisten Sprechertribüne begaben, dort ordnend Hand anlegten und die zahlreichen Spruchbänder, großflächigen Plakate sowie die schweren Lautsprecher abbauten.

Na ja ...! Verstimmt leerte Willi sein Bierglas, schnappte sich sein Spruchband und und machte sich, obwohl die Mainelke an seinem Revers steckte, auf den Weg zu Fuß vom Klagesmarkt nach Linden.

Unterwegs hielt er in verschiedenen Kneipen an der Königsworther Straße Einkehr und versuchte, seinen anhaltenden Ärger mit zahlreichen Bieren hinunterzuspülen. Löcher ins Spruchband schneiden! Kein Freibier für Schröder! Hatte das was mit Arbeitskampf zu tun? Dafür, daß es denen so gut ging, hatte er gekämpft ...

Bevor er später mit Spiro im Café „International" auf ein weiteres Bier einkehrte, war er zuvor noch im „Stephanusstübchen" gewesen. Zwar lag das nicht auf seinem direkten Heimweg, aber er hatte gedacht, daß er dort an der Theke unter Umständen einige alte Bekannte aus dem Stadtteil treffen würde.

Doch obwohl er beinahe eine geschlagene Stunde an der Theke gesessen hatte, war ihm kein bekanntes Gesicht begegnet, und so konnte er nur, nachdem er sein Spruchband in eine der Nischen gestellt hatte, den Thekengesprächen fremder Leute lauschen.

In seiner Nachbarschaft tranken vier „Halblange" ihr Bier und schwadronierten irgendwelchen Unsinn von „Ossies" und „Wessies". Schweigend vor sich hinbrütend, folgte er mit einem Ohr dieser Unterhaltung.

„Neulich bin ich mit dem Zug aus Berlin gekommen. Voll irre! Im Kaff Uelzen mußte ich umsteigen und hatte einige Zeit Aufenthalt. Um mir die Zeit zu vertreiben, habe ich mich aus Spaß diesen merkwürdigen Bahnhof, im Stil von einem Chaoten, Hundertwasser oder so ähnlich, und die herumstehenden Gestalten auf dem blöden Bahnsteig angeschaut. Unglaublich irre, die ganze Chose!

Typisch Ossies, dachte ich mir gleich. Das ganze Drumherum und Gehabe dort auf dem Bahnhof. Zustände wie im alten Rom! Echt! So sind sie eben in der Ehemaligen. Ich sag's euch! Tiefstes Dunkeldeutschland! Über zehn Jahre wiedervereinigt und nichts, aber auch rein gar nichts hat sich dort geändert! Überhaupt nichts hat sich da bewegt, nicht die Bohne. Konnteste überall gleich sehen! Nur verwitterte Klinkermauern und diese Türmchen von dem Hundertwassertypen. Dieser ganze Zinnober wird auch in der nächsten Zeit so bleiben! Wo fließt eigentlich das viele Geld des Solidaritätszuschlags hin, was wir im Westen für die blechen? Und einen Bahnhof als Kunstwerk, schlicht irre! Ich war heilfroh, als es weiter ging und endlich ein Interregio nach Hannover fuhr!"

Gerade wollte Willi sich in das Gespräch einmischen, um dem

Bengel ein paar passende Takte dazu zu sagen und deutlich zu machen, das die Uhlenköperstadt Uelzen seit eh und je in Niedersachsen lag, als sein Spruchband kräftig polternd umfiel.

Sogleich machten sich die Vier über ihn lustig. „He Alter, das Spiel Hannover 96 gegen Chemnitz findet erst übermorgen statt. Oder machste dich schon auf'n Weg ins Stadion? Da kriegste jetzt in der Nordkurve noch 'nen guten Platz!" ... „Nee, sei man ruhig, das ist einer von ‚TuWat', diesen ‚Grauen Panthern' in der Wilhelm-Bluhm-Straße unten bei FAUST! Der kommt bestimmt vom Kröpke von 'ner Demo für die Erhöhung der Renten ..."

Also das war nun wirklich die Höhe! Diese Rotznasen! Die hatten überhaupt keine Ahnung, aber an der Theke Bier trinken, das konnten sie!

Restlos verbiestert zahlte Willi daraufhin seine drei Gläser, ergriff das Spruchband und verließ wortlos das Bierstübchen. Alles nur miese Typen, dachte Willi bei sich. Erstens war er absolut kein Sechsundneunziger-Fan. Mit den 96 hatte er rein gar nichts am Hut. Für ihn galten im Fußball nur die „Königsblauen" etwas; Blondie, das war einer! Zweitens war er keinesfalls ein „Grauer Panther"! Dennoch war „TuWat" eine fabelhafte Sache, kannte er doch die tüchtige Eva-Maria Brakel!

Und das Uhlenköperstädtchen Uelzen in der DDR?! Das entsprach ja genau der PISA-Untersuchung, von der sie in der letzten Woche im Fernsehen gesprochen hatten. Wo sollte das alles noch hinführen?

Nachdenklich streiften seine Blicke über das trostlose Abrißareal, wo ehedem die Lindener Brauerei gestanden hatte. Obwohl er das Lindener Bier nie besonders gern gemocht hatte, trauerte er der Braustätte nach. Wieder verlor Linden etwas Markantes. Nun, und gar so schlecht war das hier gebraute Bier auch nicht gewesen. Obwohl, Eingeweihte munkelten ja, daß das Wasser im Brauereibrunnen unter anderem seinen Weg durch die Erdschichten vom Bergfriedhof genommen hätte, bevor es als Brauwasser für das Lindener Spezial diente. Alles nur Gerede!

Seufzend packte er sein Spruchband unter den Arm und wandte sich hinüber zum Küchengarten.

Beim „TAK" blieb er vor dem Schaukasten mit dem Ankündigungsplakat „Dollar geht's nimmer" von Dietrich Kittner stehen. Neugierig las er den Text: „Ein Märchen: Es war einmal ein Mann. Der hatte es allein durch seiner Hände redliche Arbeit in unserer Leistungsgesellschaft zu großem Reichtum gebracht. Und morgen, liebe Kinder, erzähle ich Euch ein anderes Märchen."

Bevor er weiterlesen konnte, sprach ihn jemand an.

„Yia sou, Willi! File mou! Isse kalá?" Sich umdrehend, erkannte er zu seiner Freude Spiro, mit dem er viele Jahre bei Werner & Ehlers in der Bettfedernfabrik zusammengearbeitet hatte.

Auf das eingerollte Spruchband deutend, fragte Spiro sogleich, ob er auch bei der Maikundgebung auf dem Klagesmarkt gewesen sei. „Was eine Frage!", hatte Willi ihm geantwortet. Für ihn, den alten Kämpe, sei das doch Usus! Dicht bei der Rednertribüne habe er mit ein paar Kollegen gestanden. Hinterher habe er mit ihnen am Herrenhäuser Schankstand, wo sie sich immer trafen, ein Bier getrunken.

Ach, meinte Spiro daraufhin, er sei dann wohl etwas später zum Herrenhäuser Bierstand gekommen, als Willi bereits gegangen war. „Apropos Usus – wie wäre es mit einem kleinen Bier bei Mokhtar im Café ‚International' gleich unten an der Ecke Ottenstraße? So zum Ausklang des Ersten Maifeiertags!"

Na gut, Willi hatte nichts dagegen einzuwenden; hatte er doch sowieso vorgehabt, seiner Wohnung in der Offensteinstraße peu à peu entgegenzuschlurfen und hier und da einzukehren. Also machten sie sich gemeinsam auf den Weg.

Als nachher im Café „International" zwei Wilkenburger vor ihnen standen, blieb es nicht aus, daß sie auf ihre ehemalige Arbeitsstätte Werner & Ehlers zu sprechen kamen.

Nun, es waren schon einige Jahre vergangen, nachdem das alteingesessene Unternehmen in der Bettfedernindustrie Konkurs angemeldet hatte – nicht, weil seinerzeit zu wenig Aufträge vorlagen. Die Auftragslage war nicht sonderlich schlecht gewesen, wenn auch der Konkurrenzdruck in der Branche und der Konflikt mit den Anbietern von Synthetikwaren außerordentlich zugenommen hatten. Früher, zu Zeiten des alten Firmenchefs war das noch anders gewesen.

Vermutlich fehlte es in der Führung an unternehmerischer Weitsichtigkeit. Darüber hinaus hatte schon das Finanzgebaren der letzten Geschäftsleitung nichts Gutes ahnen lassen.

Die betriebswirtschaftliche Situation spitzte sich mehr und mehr zu, und eines Morgens wurde die Belegschaft vor vollendete Tatsachen gestellt. Unabwendbar schlossen sich die Fabriktore für immer, und rund fünfunddreißig Arbeitsplätze galten in Linden als verloren. Da half auch der schleunigst formierte Protest des Betriebsrates überhaupt nichts mehr. Gewerkschaft und Politik agierten mit einer gewissen Ohnmacht. Seltsamerweise hielt sich im Stadtteil die Entrüstung über das Sterben der traditionsreichen Bettfedernfabrik sehr in Grenzen. Niemand kehrte sich groß darum. In aller Stille wurde damals vom Konkursverwalter Krinke das Insolvenzverfahren eröffnet.

Mit dem Gang zum Konkursrichter stand die Belegschaft dann vor dem endgültigen Aus. Für die Beschäftigten gab es nach dem Merkblatt Nummer zehn – „Ihre Rechte, Ihre Pflichten" – Konkursausfallgeld. Der alteingesessene Lindener Betrieb am Leineufer wurde nach mehr als hundertfünfundzwanzigjährigem Bestehen, umständehalber abgewickelt ...

Am Ende der Geschichte der Bettfedernfabrik Werner & Ehlers stand der Verkauf des Maschinenparks an eine ungarische Firma.

Das ehemalige Verwaltungsgebäude, die Fabrikationshallen und das Kesselhaus auf dem Gelände an der Wilhelm-Bluhm-Straße wurden später, basierend auf einem Plan der Lindener Bürgerinitiative, neu belebt. Allerdings hatten da auch wieder viele Neunmalkluge und Traumtänzer ihre Finger drin.

Während der Unterhaltung mußte Willi seinem Gegenüber eingestehen, daß er, seitdem sich das Fabriktor unten an der Leine für ihn geschlossen hatte und er, ganz im Gegensatz zu Spiro, als unvermittelbar galt, nicht mehr den Mut gefunden, den Fuß jemals wieder auf das Firmengelände zu setzen. Nur aus der Ferne hatte er beobachtet, wie sie einige Monate zuvor das Taxiunternehmen auslagerten und das alte Mietshaus am Eingang des Firmengeländes, in dem Franco, der Spanier, mit seiner Familie gewohnt hatte, abrissen. Bei dieser Gelegenheit hatte er auch den Spruch aus der Sprühdose am Verwaltungsgebäude wahrgenommen: KEINE PRIVATE VERMARKTUNG – BETTFEDERN FÜR ALLE –.

Mit schwarzer Farbe war dieser Spruch durchgestrichen worden. Nachträglich hatte jemand hinzugefügt: „Blödsinn – In diesen Zeiten müssen wir alle Federn lassen!"

Abgesehen davon, daß er grundsätzlich für die angestrebte freie Nutzung der Liegenschaft war, haßte er diese üblen Farbschmierereien an den Wänden. Was waren das bloß für Zeiten!

Mit stillem Groll hatte er einen Schlußstrich gezogen unter dreißig Jahre Betriebszugehörigkeit, erst als Fahrer und später eine lange Zeit als Hausmeister. Demgemäß kannte er in der Bettfedernfabrik alle noch so verwinkelten Ecken bis ins kleinste Detail. Aber das war längst alles aus und vorbei! Gerade noch gut genug, um am 1. Mai an der Theke in Linden beim Bier besprochen zu werden.

Bald verstummte das Gespräch, und man merkte Willi deutlich an, daß sich hinter seiner Stirn irgend etwas bewegte.

Mit einer gewissen Entschlossenheit trank er sein Wilkenburger aus und drängte Spiro zum Aufbruch. Kaum hatte Spiro die beiden

Wilkenburger beglichen, da stand Willi schon vor der Tür des Lokals. Noch während die Tür hinter ihnen ins Schloß fiel, verabschiedete Willi sich ziemlich knapp und völlig abrupt von seinem früheren Arbeitskollegen.

Gerade wollte er loseilen, als Shakiba lachend hinter ihm herrief und ihm sein Spruchband nachtrug.

Etwas umständlich wickelte er das sperrige Transparent zusammen und klemmte es sich unter den Arm.

Willi entgeistert hinterdreinblickend, mußte Spiro unwillkürlich den Kopf schütteln. Was war dem Willi bloß so plötzlich über die Leber gelaufen? Hatte er etwas Falsches gesagt? –

Wenig später näherte Willi sich, von der Wilhelm-Bluhm-Straße kommend, vorerst noch recht zögerlich dem FAUST-Komplex. Hin und wieder blieb er stehen und blickte mit angestrengt zusammengekniffenen Augen hinüber zur ehemaligen Warenannahme, zur Eingangsveranda des Verwaltungsgebäudes und zur gepflasterten Tordurchfahrt, die auf das Betriebsgelände der einstigen Bettfedernfabrik führte.

An der Hauswand entlangschauend, erfaßten seine Blicke jeden einzelnen der dunkelblau lackierten Buchstaben des Firmenschriftzuges, der seit den späten fünfziger Jahren oberhalb der schmalen Fensterreihe angebracht war. Am Mauersockel unter den Fenstern stand, flüchtig mit schwarzer Farbe an die Wand geschrieben: „Zahme Vögel sprechen von der Freiheit, wilde Vögel fliegen in die Freiheit!"

Ihm blieb nicht verborgen, daß die Werksuhr über der Tordurchfahrt mit ihrem emaillierten Zifferblatt keine Pflege erhielt und augenscheinlich seit langem stillstand. Vermutlich hatten sich die beiden Zeiger mit der Zeit im Rost verkrallt. Überall hingen zerrissene Plakate am Mauerwerk der Gebäude.

Unschlüssig schaute er sich um; schaute auf den langgezogenen, mit etlichen Satellitenschüsseln bestückten neuen Wohntrakt, der an Stelle des alten firmeneigenen Mietshauses entstanden war; schaute durch die schmuddelige Tordurchfahrt auf das dahinter befindliche Betriebsgelände von ehedem; schaute hinüber zum fast fünfzig Meter aufragenden Schornstein des morbiden Kesselhauses, auf dem eine schwarze Fahne wehte.

Eben, während des Gesprächs mit Spiro, war er schlagartig vom übermächtigen Wunsch beseelt worden, die Liegenschaften der früheren Bettfedernfabrik Werner & Ehlers noch einmal zu durchstreifen. Noch einmal unauffällig in seine alte Wirkungsstätte hereinschauen; es kannte ihn hier doch niemand mehr ...

Allerdings, als er nun unmittelbar vor dem Zugang seiner langjährigen Arbeitsstätte stand, verließ ihn unversehens die Courage. Zu oft hatte er sich gesagt, daß er nie und nimmer mehr einen Blick auf das Terrain werfen, geschweige denn einen Fuß darauf setzen würde.

Während er, wie verloren, mitten auf der mit groben Betonsteinen gepflasterten Straße stand und sich die Wahrnehmungen in sein Bewußtsein eingruben, war er unvermittelt umgeben von einer Clique junger Kurden, die Transparente mit Parolen hochhielten und laut debattierend durch die Toreinfahrt drängten. Sein eigenes Spruchband umklammernd, löste er sich unwillig aus dem Knäuel und wich seitlich zur ehemaligen Warenannahme hin aus.

Alle Vorbehalte außer acht lassend, drückte er dort die Klinke der doppelflügeligen Tür herunter. Noch bevor er sich orientieren konnte, stand er unverhofft an der hier eingebrachten Theke und hielt ein Glas Bier in der Hand.

Im Nu wurde Willi, nachdem man seine rote Nelke am Rockaufschlag bemerkt hatte, eingebunden in einen Diskussionskreis über den Funktionsbedarf soziokultureller Arbeit unter dem umfassenden Gesichtspunkt Milieu bestimmender Aspekte im Stadtteil Linden.

Einer aus der Runde gab gerade eine zum Thema passende Anekdote zum besten. „In einer New Yorker Untergrundbahn sah ein Fahrgast einen Farbigen, der eine hebräische Zeitung las. Kopfschüttelnd fragte der Fahrgast den Farbigen: ‚Ein Problem reicht ihnen wohl nicht?!'"

Wenn Willi ehrlich war, konnte er dem weiteren Verlauf des Gedankenaustauschs dieser Leute nicht folgen. Viel zu sehr war er ergriffen von der fixen Idee, da er sich nun schon im Inneren des ehemaligen Verwaltungsgebäudes von Werner & Ehlers befand, auch die Büroräume in Augenschein zu nehmen.

Da ihm die Räumlichkeit im großen und ganzen unverändert erschien, wußte er, wohin die nur einen Katzensprung entfernte Seitentür führte. Unauffällig sein Bierglas auf die Theke stellend, mogelte er sich aus dem nun hitzig werdenden Gesprächskreis und verschwand durch eben diese Tür.

Schon stand er auf dem langgestreckten Flur, der, vormals immer blitzblank gebohnert, an den verschiedenen Büros vorüberführte.

Er erinnerte sich ... Hier vorne befand sich der lichtdurchflutete Musterraum mit den zahlreichen Schaukästen, die randvoll gefüllt mit Federn und Daunen waren. Eine Tür weiter der abgeschieden wirkende Konferenzraum für die Besprechungen. Sodann die Räume der Buchhaltung, das Schreibbüro, das Ein- und Verkaufskontor und das allgemeine Geschäftszimmer des Prokuristen. Ohne Frage konnte Willi noch jede dieser Räumlichkeiten den dort wirkenden Personen zuordnen. Er sah die Gesichter förmlich vor sich ...

Dennoch – wie er sich nun umblickte, mußte er erkennen, daß nichts mehr so war wie früher. Der langgestreckte Flur und die großräumigen Büros waren vielfach durch eingebrachte Trennwände umgestaltet worden. Die großen Glasflächen, die den Einblick frei gaben in die einzelnen Büros, wirkten nun sehr eingeengt. Und der ehedem so gepflegte Fußboden sah eher spröde und schmutzig aus. Umfangreiche bauliche Eingriffe hatten zu drastischen Veränderungen geführt. So wie sich das Innere des ehemaligen Verwaltungsgebäudes hier darbot, bereitete es Willi doch Mühe, sich weiterhin lückenlos zurechtzufinden ...

Zögernd ging er an der vielfach unterteilten Glasfront der eng ineinandergeschachtelten Verwaltungsräume von FAUST und AFKA, der Geschichtswerkstatt und dem Copy-Raum entlang.

Am Ende des Korridors gelangte er ins Treppenhaus. In den Kellerräumen war jetzt ein Fotolabor untergebracht.

Langsam tastete Willi sich die Treppe hinunter und gelangte nach wenigen Schritten in einen Gang, von dem rechts und links mehrere Räume abzweigten. Das Licht der Leuchtstofflampen fiel auf eine Serie großformatiger Fotografien an den Wänden. Auf einem Pappschild stand erklärend dazu: „Horstmanns Geschichten einer Fabrik".

Willi trat näher heran und bemerkte sofort, daß es sich bei den Schwarzweißabbildungen um Fotografien aus jenen Jahren handelte, in denen das Bettfederngeschäft florierte, die Auftragsbücher von Werner & Ehlers noch gut gefüllt waren und er hier in Lohn und Brot stand.

Die Fotos zeigten nacheinander das markante Firmenemblem „W & E", die Fensterfront der Zinsser-Halle, das aus Backsteinen gemauerte Kesselhaus mit seinem auffälligen Schornstein, die Vorderansicht des Verwaltungsgebäudes mit dem markanten Schriftzug, die gestaffelten Sheddächer der hinteren Lagerräume und das charakteristische Torhaus mit der Warenannahme.

Nachdem er sich einen kleinen Teil dieser Bilddokumentation angeschaut hatte, überkam ihn ein tiefes Gefühl der Beklemmung, denn die Fotografien beschworen immer machtvoller die Zeit herauf, zu der er hier tätig gewesen war.

Vielleicht war es auch auf seinen übermäßigen Biergenuß zurückzuführen – für einen winzigen Moment mußte er sich an der groben Kellerwand anlehnen und tief durchatmen. Als er dann aufblickte, erkannte er neben sich an der Wand eine Fotografie aus guten Tagen, die eine kleine Menschenschar vor dem Verwaltungsgebäude zeigte.

Sofort entdeckte er sich selbst auf dem Foto. Mit seiner Schirmmütze, die er damals ständig getragen hatte, stand er zwischen Ilse Jordan und Norbert Knopf von der GTB, daneben stand die ungemein kämpferische Betriebsratskollegin der Firma W & E, Hildegard Severing. Ohne Mühe erkannte er auf der Abbildung auch die anderen Kollegen: Franco, Frau Günther, Herrn Weber, Herrn Dreyer, Herrn Reddel sowie den damaligen Praktikanten in der Geschäftsleitung.

Diese Konfrontation übermannte ihn beinah. Eiligst drehte er der Fotoserie den Rücken zu und stieg nachdenklich die Treppe wieder hinauf.

Wahllos öffnete er alsdann eine Verbindungstür, hinter der er die Räumlichkeiten des ehemaligen Versandlagers und die der Federfüllanlage wähnte.

Er durchquerte ein schwach beleuchtetes Labyrinth von angrenzenden Räumen, in denen sich die Kindertagesstätte „Lütje Liga", die „Distel" und der „Verein zur Förderung von Kunst, Kultur und Schrott" befanden. Hier hatte sich alles grundlegend verändert. Bizarre Metallfiguren säumten seinen Weg.

Erst als er plötzlich vor einem wuchtigen Maschinenteil stand, beruhigten sich seine Sinne etwas. Im gleichen Moment, als er seine Hand stützend auf den kalten Stahl legte, erkannte er in dem völlig eingestaubten, rotbraun gestrichenen Maschinenteil eines der Kompressor-Aggregate wieder, um die er sich seinerzeit wiederholt gekümmert hatte. Offensichtlich besaß es an der Verschraubung des Ansaugstutzens immer noch die winzige Leckstelle, aus der hin und wieder Öl austrat. Schon hatte Willi einen Lappen bei der Hand und wischte sorgsam die schmale Ölspur vom Druckbehälter ab. Alsdann fuhr er mit dem Lappen über den angeflanschten Drehstrommotor.

Sich dann besinnend, wollte er abschließend noch einen Blick in die Zinsser-Halle werfen. Den Lappen ordentlich zusammenlegend, stieg er die Treppe hinauf.

Auf jedem Treppenabsatz las er flüchtig die hinweisenden Schilder; Albanischer Kulturverein, Bewegtes e.V., Forum für Politik und Kultur, Günes e.V., Frauen-Tribunal und weitere Nutzer hatten sich hier eingerichtet. Ganz oben, am letzten Treppenabsatz, stand die Tür, bezeichnet mit „Atelier Zinsser / Mira e.V." sperrangelweit offen.

Bevor Willi nun neugierig eintreten wollte, sah er in der Ecke einen alten Blechschrank. Verwundert stellte er fest, daß es sich bei diesem Behältnis genau um den Blechschrank handelte, in dem er damals solche Dinge wie Abfalleimer, Besen, Handfeger und grobes Werkzeug lagerte.

Kurzerhand entriegelte er die Schranktür. Es war wirklich „sein" Blechschrank: Der alte Abfalleimer, das verbeulte Kehrblech und der Besen befanden sich noch dort. Sogar der Aufkleber „Lebendiges Linden" prangte noch an der Innenseite der Tür. War es denn die Möglichkeit?

Leicht gerührt den Lappen ins obere Fach legend, verschloß Willi den Blechschrank wieder und betrat die Atelierräume. Stille empfing ihn. Es roch stark nach Terpentin und Farbe.

Willi räusperte sich und rief ein „Hallo" in den Raum. Doch niemand antwortete ihm. Leise schloß er die Eisentür hinter sich. Dabei bemerkte er, daß sämtliche elektrischen Leuchtkörper eingeschaltet waren. So eine unbedachte Energievergeudung! Das war am hellichten Tag einfach unvernünftig, dachte Willi und schaltete umsichtig sämtliche Lampen aus.

Im Nu war er wieder in seinem Element. Bedachtsam umherschauend, ging er hinüber an die große Fensterfront.

Nach ein paar Schritten stieß er auf ein grau eingefärbtes, langes Brett, das einseitig auf einer Coca-Cola-Kiste lag. Das schräge liegende Brett war in seiner gesamten Länge übersät von unzähligen Nägeln. Einige waren schief in das Brett geschlagen worden, aber die Überzahl lag einfach kreuz und quer auf dem Brett herum. Der Hammer selbst war mit einem Zollnagel an das Brett geklopft worden.

Einige Meter davon entfernt hing von der hohen Decke im Zentrum eines abgegrenzten Bereichs, an zwei rostigen Ketten auf wenige Zentimeter über den Fußboden herabgelassen, ein glasloser Fensterrahmen. Die ursprünglich zweckdienliche Scheibe lag zertrümmert auf dem Fußboden. Zwischen den zerstreuten Glasscherben standen mehrere extravagante Schuhe, die mit Kupferdrähten wahllos verbunden waren.

Etwas weiter entfernt, durch den auffälligen Fensterrahmen zu sehen, entdeckte Willi eine Anzahl bunter Lackdosen, die ausgelaufen auf einem sehr großen, quadratisch geschnittenen Bogen Papier lagen. Quer über das Papier war mit akkuraten Pinselstrichen geschrieben: „Ich folgte dem Tod, um zu wissen, was los war ...Vergiß doch Schumann!" In der Mitte dieser Buchstabenfolge stand ein bewegungsloser, pechschwarz angestrichener Brummkreisel.

Nochmals rief Willi fragend in den Raum hinein, doch eine Reaktion blieb aus.

Kurz entschlossen stellte er sein Spruchband „Nun mal ran, Schröder!" an den Fensterrahmen und holte sich aus dem Blechschrank im Treppenhaus Handfeger, Kehrblech und Abfalleimer.

So eine immense Unordnung hatte er noch nie erlebt; einfach unverständlich! Zu seiner Zeit hätte es so etwas nicht gegeben. Wie kann man nur alles so stehen und liegen lassen ...! Das vergammelt doch alles hier! Nein, das konnte er einfach nicht leiden! Entschlossen machte er sich ans Werk.

Als erstes sammelte er die unzähligen Nägel zusammen und löste den Hammer vom schrägen Brett. Ein nagelneuer Hammer; der kostete im Baumarkt zweifellos schon eine Kleinigkeit!

Anschließend entfernte er sorgsam die eingeschlagenen Nägel aus dem Holz. Wenn man sie wieder akkurat richtete, konnten sie sicherlich weiter genutzt werden. Das Brett stellte er erst einmal drüben an die Wand; vielleicht würde er es in seinem Garten gebrauchen können. Er hatte bereits eine Idee ... Für den leeren Cola-Kasten gab es auf jeden Fall Pfand an der Trinkhalle, auch wenn er mit unzähligen Farbspritzern eingedeckt war, dachte er bei sich.

Binnen kurzem ergriff ihn ein gewaltiger Arbeitseifer. Jawohl, er konnte noch die Ärmel aufkrempeln und zupacken!

Gerade war er im Begriff, vorsichtig die Glasscherben vom Boden aufzufegen, als hinter ihm die schwere Eisentür aufging, das Leuchtstofflicht aufflammte und unversehens eine große Menge Leute in den Atelierraum strömte.

„Meine verehrten Damen und Herren, geneigte Gäste, liebe Freunde der abstrakten Aktionskunst! Eine Vernissage, wie sie hier in den Atelierräumen der ehemaligen Bettfedern- und Daunenfabrik am heutigen Tag stattfindet, ist für den schaffenden Künstler der Moment, in dem seine spartanisch angelegten Werkstoffvisionen eine Metamorphose erfahren und die banale Alltäglichkeit verlassen. Bemüht, reflektierend aus verschiedenen Perspektiven eine unmittelbare, harte und unnachgiebige Konfrontation mit dem Betrachter herbeizuführen und wortlos ... O, du meine Güte, um Himmelswillen! Was in aller Welt ist hier geschehen...?

Zwölfte Episode

Schweigend hockten sie, jeder von ihnen eine Flasche schwarzes Bergbier in der Hand haltend, auf der Werkbank in der kleinen Schlosserei beieinander und ließen ihre Gedanken wandern. Es war die Stunde, in der man in den einfachen und schlichten Dingen des Lebens das lautlose Glück verspüren konnte, so jedenfalls nannte „Günny" es in seiner vom Großvater übernommenen philosophischen Betrachtungsweise des Lebens.

Drüben im schmalen Durchgang, dort, wo die hohen Regale mit der Ware sowie die aufeinandergestapelten Getränkekisten standen, brannte bisher noch keine Lampe, und so konnten sie ungehindert durch die Kioskscheiben bis hinaus auf die im Abendlicht liegende Straße blicken.

Folglich war es ihnen möglich, Kunden, die sich um diese Uhrzeit – kurz vor dem anstehenden Länderspiel – noch mit ein paar Flaschen Bier eindecken wollten, sofort zu bemerken. Aber seitdem Nieselregen eingesetzt hatte, war kein Kunde mehr erschienen.

Im gepflasterten Hof, unmittelbar vor der weit geöffneten Tür zur Schlosserei, stand ihre neue Errungenschaft – ein bis ins kleinste Detail liebevoll aufgemöbelter „Hanomag-Kurier". Ein zwar altes, dennoch äußerst gepflegtes Teil, an dem ein hinten am Aufbau angebrachtes, kleines Aluminiumprägeschild auf die Hanomag-Generalvertretung Fritz Raddatz, Badenstedter Straße hinwies.

„An der Dachrinne auf der Gartenseite muß unbedingt etwas getan werden, Günny – die tropft dauernd ..." Schweigen. „Also, wenn du mich fragst, haben wir da ein mächtig starkes Teil ergattert, und mit dem Reklameschriftzug sieht es richtig gut aus", meinte Fossie, nachdem er von Günny keine Antwort bekommen und daraufhin für eine kleine Weile den „Hanomag-Kurier" in Augenschein genommen hatte.

„Trinkhalle und Kunstschlosserei Gramckow & Günaylar, das hat schon was, oder nicht? Außerdem brauchen wir unser gesamtes Zeug für die Trinkhalle nun nicht mehr im kleinen Kofferraum des Golfs hin- und herschaukeln! Paß auf, jetzt kommt der ganze Laden richtig in Schwung; du sollst sehen! In Kürze können wir der Frau

Pickenhagen", er wies mit der Hand nach oben, „endlich auf Heller und Pfennig das vorgeschossene Geld zurückgeben ..." Danach schob er seine Hemdsärmel hoch und nahm einen Schluck aus der Flasche.

Das gesamte Anwesen, also das zweistöckige Backsteinhaus mit der im Erdgeschoß befindlichen Trinkhalle, die angebaute kleine Schlosserwerkstatt im Hof sowie den winzigen Garten hatte Fossie Gramckow vor gut drei Jahren geerbt.

Sein Großvater, Johann Kummetat, hatte ihn in seinem Testament mit dem Besitz in der Fortunastraße bedacht und zugleich bestimmt, daß dieses Anwesen, das gegenüber den nach der „Sonnenbaulehre" des frühen Siedlungsbaustils um 1854 gebauten Häusern stand, nicht veräußert werden durfte. Darüber hinaus sah der letzte Wille des Großvaters vor, daß Frau Elsa Pickenhagen die Wohnung im ersten Stock bis zu ihrem Ableben weiterhin mietfrei nutzen konnte.

Überdies hatte er mit Bedacht festgelegt, daß die abgegriffene Mappe mit den zahlreichen von ihm angefertigten detaillierten Werkzeichnungen, nach denen er im Verlauf seines Lebens in der kleinen Schlosserei äußerst eindrucksvolle Wetterfahnen und hübsche Sonnenuhren gebaut hatte, keinesfalls in fremde, unbedarfte Hände weitergegeben werden durfte. Im übrigen hatte er in der ihm zuletzt eigenen kautzigen Art seinen Erben eindringlich vor allen einfältigen Flausen gewarnt.

Fossie Gramckow hatte sich damals mit dem letzten Willen seines Großvater abgefunden. An sich sah die Sache für ihn auch nicht schlecht aus, und da er voller Tatendrang steckte, hängte er seinen Beruf als Eisenwarenverkäufer bei Duensing in der Osterstraße an den Nagel. Doch allein wollte er die großväterliche Hinterlassenschaft nicht antreten. Und so hatte er seinen alten Schulfreund Ferit Ataman Günaylar, in Linden kurz „Günny" genannt, zu sich in sein ererbtes „Geschäft" geholt.

Fossie war mit Günny, der in der Nähe des türkischen Städtchens Sultanica geboren wurde, seit frühster Kindheit zusammen.

Günny hatte ursprünglich Werkzeugmacher gelernt und war bis vor einigen Jahren bei der Conti in Limmer gewesen. Als dann die Conti ihre gesamte Produktion nach Stöcken und verschiedene Teile ihrer Produktpalette ins Ausland verlagerte, ergab sich für Günny aus dieser Situation heraus das Naheliegende – bereitwillig folgte er Fossies Angebot.

Seither bewirtschafteten die zwei miteinander die Trinkhalle, verkauften morgens in der Frühe türkische Brötchen, schafften für ihre

Kundschaft außer dem Efes-Bier etliche Sorten aus kleineren Brauereien heran und hielten im übrigen allerlei Weine, Sekt und Spirituosen vorrätig. Außerdem lagen allmorgendlich mehrere Tageszeitungen in den unterschiedlichsten Landessprachen bereit.

Zugleich werkelten sie gemeinschaftlich in der Schlosserei, tüftelten vereint an eigensinnigen Projekten herum und entwickelten unverdrossen dieses oder jenes Brauchbare für den normalen Alltag.

Immerzu steckten die beiden voller neuer Ideen, setzten diese in die Tat um und versuchten, das fertige Produkt dann zu verkaufen..

So war ihnen vor etlichen Monaten beim Einkauf ihrer Ware für die Trinkhalle ein Einfall gekommen. Bis zu sechs Mal insgesamt, so hatten sie ausgerechnet, mußten sie die eingekaufte Ware ein- und auspacken; wenn man nun einen beweglichen Hängekorb konstruierte, der, von daheim mitgebracht, in den bereitstehenden Rollwagen des Einkaufsmarktes eingehängt und später wieder ausgehängt werden konnte, anschließend problemlos im Kofferraum des Golfs zu verstauen und von dort zur Trinkhalle zu tragen war, hätte man eine große Erleichterung beim Umpacken. Immer wieder verwarfen sie die Konstruktion, änderten die Zeichnungen, bauten verschiedenste Modelle und experimentierten ausgiebig, bis sie endlich eine hinlängliche Gebrauchsfähigkeit erreicht hatten. Mit diesem Prototypen gingen sie „hausieren". Doch überall winkte man ab; kein Interesse, kein Markt, kein Bedarf ...

Schließlich stand dieser einzuhängende Einkaufskorb für Rollwagen in der Ecke herum und diente ihnen als Behältnis für Putzlappen. Von diesem Mißerfolg ließen sie sich jedoch nicht entmutigen.

Die von Großvater Kummetat entworfenen Wetterfahnen, geschmiedeten Sonnenuhren und stilvollen Ziergitter wurden von Günny und Fossie weiterentwickelt. Nach dem Hängekorb-Reinfall waren sie mit diesen kunstvollen Objekten in eine kleine Produktion gegangen. Schließlich häufte sich eine große Menge von Wetterfahnen, verziert mit dem niedersächsischen Roß, handgetriebenen Rosetten, verschiedenen Sternzeichen, phantasievollen Wappen und Windrosen dermaßen in der Schlosserei, daß kaum noch ein normales Durchkommen möglich war. Stets stand eines dieser Teile im Weg. Nirgendwo war mehr ein Flecken zum Abstellen vorhanden. Also machte Fossie sich mit dem Golf auf den Weg in die umliegenden Dörfer. Ja, sogar über den Deister in Richtung Hameln fuhr er, um die Wetterfahnen, Sonnenuhren und Ziergitter „an den Mann" zu bringen. Aber wer benötigte auf seinem flachen Bungalowdach schon eine schmiedeeiserne Wetterfahne oder auf seiner schmalen Rasenfläche eine filigrane Sonnenuhr? Und Verwendung für ein Schmuckgitter vor der Einfahrt des Grundstücks oder vor einem der Fenster hatte auch niemand. Vermutlich reichte bei den Bauherren das Geld für eine solche Zier nicht mehr. Die Hausbesitzer auf dem Land winkten durchgängig ab, und nach ein paar Tagen gab Fossie erst einmal auf. In einem Vierteljahr wollte er diese Aktion wiederholen. Da mußte doch etwas zu machen sein!

Ihrer künstlerischen Ader folgend, hatten Günny und Fossie auch einige andere bemerkenswerte Objekte geschaffen – eindrucksvolle Schweiß- und Nietarbeiten aus Metallschrotteilen. Eine erhebliche Zahl dieser überaus schwergewichtigen Arbeiten, zumeist stilisierte Menschengestalten, stand seitdem, auf quadratischen Betonplatten befestigt, unter den drei Pflaumenbäumen im kleinen Garten des Anwesens.

Gesuche der beiden, diese mannshohen Metallskulpturen im neu zugänglichen „Von-Alten-Garten" ausstellen zu können, waren trotz aller Fürsprache und Förderung des Vereins „Lebendiges Linden" gescheitert. Nur im Rahmen des Kunstkurses von „Arbeit und Leben" fand ihre Arbeit ein wenig Beachtung. –

So war ihren handwerklichen Unternehmungen vorerst kein Erfolg beschieden. Nichtsdestotrotz, im engen Schulterschluß und unerschütterlich im Glauben an ihre Fähigkeiten, verfolgten sie ihre Träume ...

In einer der vergangenen Wochen waren sie abends, nachdem sie ihren letzten Kunden bedient, das „Lindener Spezial"-Reklamelicht gelöscht und die Trinkhalle geschlossen hatten, noch auf einige „Diebels" zu Anne und Gerd in die „Kanzlei am Schwarzen Bären" gegangen.

Die „Kanzlei" war ihre „Ausspannkneipe", wenn sie nicht in der Schlosserei zusammenhockten und in der mit glühender Holzkohle gefüllten Esse wohlschmeckende Fleischspieße nach einer alten türkischen Rezeptur grillten.

An der langgezogenen Theke der „Kanzlei" trafen sie fast immer interessante Leute, zum Beispiel Jens, den Schlosser aus der Theaterwerkstatt, mit dem sie sich bei einem Bier über Kunstschlosserei austauschten. Zu späterer Stunde plauderten sie hier zuweilen mit ihrem Steuerberater Schneiders, der um die Ecke sein Büro hatte und sich bis weit in die Nacht hinein mit den Finanzakten seiner Klienten abmühte.

Ab und zu kamen auch Musiker vorbei, nachdem sie ihren Auftritt auf der Bühne vom benachbarten Capitol beendet hatten.

Fossies und Günnys Stammplatz war der schmale Tisch direkt am Fenster mit Aussicht zum Straßenknotenpunkt „Schwarzer Bär".

Hier saßen sie dann beim Glas Altbier, sahen dem fließenden Autoverkehr zu, ließen die grünen Stadtbahnen passieren, kommentierten den Andrang der Jugendlichen beim McDonald's oder lauschten ganz einfach der Musik von den „Bläck Fööss" – Annes Lieblingsgruppe aus Köln.

Vor einigen Wochen saßen sie gleichfalls an besagtem Platz und genossen gerade das erste Glas Altbier, als ein Mann zu ihnen herüberkam, der sich eben noch an der Theke einen Korn igenehmigt hatte.

Im breiten sächsischen Tonfall stellte er sich den beiden vor und erzählte, daß er mit seinem Schiff von Magdeburg kommend bis zur Ihmebrücke am Schwarzen Bären geschippert sei ... Dabei tippte er an seinen „Speckdeckel", der mit einer Anstecknadel verziert war. Sein Name sei Louis Mattfeldt ... Nichts für ungut! „Dies war meine letzte große Fahrt mit der getreuen „Emma". Nett wahr ...! Ab heute gehe ich hier in Hannover vor Anker – und zwar für immer ... Ich setze mich bei meiner Schwester in der Kaplanstraße zur Ruhe. Meine „Emma" steht nun zum Verkauf; aber wer will diesen in die Jahre gekommenen Dampfer schon kaufen? Kein Mensch – es sei denn aus purer Liebhaberei – nett wahr!"

Während er dieses kundtat, schob er seinen „Speckdeckel" in den Nacken und wischte sich fahrig über die Augen. Dann bestellte er bei Gerd eine Runde für den schmalen Tisch am Fenster.

Lebhaft fuhr er in seiner Erzählung fort. Er sei zwar nicht über die „Sieben Weltmeere" geschippert, aber trotzdem zähle er als anständiger Binnenschiffer zu den christlichen Fahrensmännern. Zu Zeiten der DDR habe er sich unter großen Schwierigkeiten mit seinem Ausflugsdampfer „selbständig" gemacht und sei mit ihm sogar bis Bad Schandau getuckert. Jeden einzelnen Stromkilometer der Elbe kenne er aus dem „Effeff". „Nett wahr!" Unzählige Male habe er hoch über dem Fluß die Burgen Scharfenberg und Königstein gesehen, sei angesichts Radebeuls an Karl May erinnert worden und habe das romantische Städtchen Meißen mit Albrechtsburg und gotischem Dom vom Fluß aus bewundern können. „Nett wahr!" Tag für Tag habe er sich mit der „Emma" dem imposanten Weichbild Dresdens genähert und zum Feierabend nahe der Brühlschen Terrasse festgemacht ... Ja, manchmal, wenn er zu mitternächtlicher Stunde biertrinkend vorne am Bug seiner „MS Emma" gestanden habe, sei es ihm gewesen, als ob „August der Starke" auf der Uferpromenade entlangwandelte und ihm wohlwollend zuwinkte ...

Doch nun sei die Zeit endgültig abgelaufen. „Nett wahr ...!" Er habe es seiner Schwester in die Hand versprechen müssen. Aber für seinen Flußdampfer sei es eigentlich noch etwas zu früh fürs Altenteil. Die „Emma" sei immer noch höchst solide und hinreichend rüstig ... Dennoch, zu seinem Leidwesen hieße es morgen in der Frühe zum allerletzten Mal „Ablegen!". Dann werde er das Schiff auf Anweisung des Wasser- und Schiffahrtsamts Braunschweig vorerst am Poller nächst der Limmer Hafenschleuse vertäuen. Wen wundere es, wenn der Weg von diesem Liegeplatz letztendlich zum Abwracken führe ... Nur die Schiffsglocke der „Emma" bliebe ihm dann noch.

Auf irgendeine Weise zog der alte Binnenschiffer Fossie und Günny mit den Bekundungen über den Ausflugsdampfer in sein Fahrwasser. Bald keimte bei den beiden eine Idee auf. Man könnte bestimmt was daraus machen – Trinkhalle, Schlosserei und eine Schiffahrtslinie auf dem Kanal ... „Was meinste, Günny? Man müßte nur ... Und falls alle Stricke reißen, dann könnte doch die Frau Pickenhagen ..." Abwägend nickte Fossie Gramckow seinem Partner Günny Günaylar zu. Top, die Hand drauf! Eine Woche Bedenkzeit; der Dampfer lief ihnen ja nicht weg.

Man wurde sich einig und besiegelte den Handel mit einer Lage Altbier. „Und, nett wahr ...! Wie gesagt, mit der „Emma" habt ihr euch wirklich nicht vertan. Betagt, aber dennoch rüstig bis unter'n Kiel! Hier und dort ein wenig den Rost beseitigen, aber ansonsten ist sie ein fabelhaftes Schiff und ihr robuster Diesel, nett wahr, läuft wie ein Schweizer Uhrwerk ..."

Die Wochen nach dem Kauf des Ausflugsdampfers verliefen ziemlich turbulent, darüber waren sich die beiden rückblickend einig. Vermutlich hatte Großvater Kummetat eben genau vor solchen „Flausen" gewarnt; aber die Sache hatte sie nun einmal gereizt ...

An der Limmer Schleuse hatten sie die „Emma" wie besehen übernommen und dem Binnenschiffer das zusammengekratzte Geld in die Hand gezählt. In der folgenden Zeit widmeten sie jede freie Minute dem Dampfer – ihrem Dampfer.

Unterstützung fanden sie durch Freunde, die kräftig mit anpackten. Tagelang wurde emsig Rost geklopft, einige umlaufende Geländer wurden verstärkt, die Aufbauten neu gestrichen, der Schiffsdiesel überarbeitet, instandgesetzt und sorgsam geölt; ein nagelneuer Fahnenmast mit Positionslampen wurde auf Deck angeschweißt.

Rüdiger und einige andere aus der „Debakel"-Kneipe an der Limmerstraße tätigten kleine Tischlerarbeiten, die hier und dort am Schiffsmobiliar notwendig waren. Mit Sachverstand nahm sich Ferdinand Ackermann die in die Jahre gekommene Borduhr vor. Bereits wenige Öltropfen aus einem Fläschchen erweckten, nachdem Federn und Wellen umsichtig gerichtet und gereinigt waren, das Räderwerk der feinen Mechanik zu neuem Leben.

Sämtliche Messingteile und Beschläge im Ruderhaus wurden kräftig geputzt, der enge Maschinenraum wurde gründlich von Öl- und Fettspuren gesäubert und der Fahrgastraum blitzblank gewienert.

Bei den Arbeiten entdeckten sie im Stauraum unter Hanftauen sogar noch die Fahne der ehemaligen DDR. Umgehend fand dieses Relikt seinen Platz im Fahrgastraum, gleich neben der eingerahmten Eignerurkunde.

Bald schon machte der Ausflugsdampfer rundherum einen imponierenden Eindruck ...

Sogar die HAZ berichtete in einer ihrer Ausgaben sehr ausführlich über das an der Limmer Hafenschleuse vertäute Motorschiff.

Immer wieder fanden sich Schaulustige ein, die einen Blick auf das Schiff warfen.

Und des öfteren stand morgens ein älterer Mann mit seinem Dackel am Festmachplatz. Seine Zigarre rauchend, beobachtete er den Verlauf der Arbeiten.

Irgendwann sprach er die beiden Schiffseigner an, erkundigte sich nach dem Schiff, fragte nach dem Zustand der Dieselmaschine und gab hier und da unaufdringlich sachkundige Ratschläge ...

Mit ungebrochenem Eifer waren Fossie, Günny und die große Freundesschar bei der Sache. Sie schafften eine Unmenge Materialien herbei.

Am Fuß der Gangway stellten sie eine ihrer mannshohen Eisenfiguren auf, die wie geharnischte Wächter wirkten. Eine neue Schiffsglocke wurde neben dem winzigen Ruderhaus aufgehängt. Zu guter Letzt bekam der Dampfer dann von Herbert mit goldenen Lettern höchst sorgfältig den Namen „Welfischer Schwan – Linden" auf beide Bugseiten und hinten an den Heckspiegel geschrieben.

Diesen sonderbaren Schiffsnamen wünschte sich Frau Pickenhagen, und Fossie und Günny hatten nichts dagegen, denn eine nicht unerhebliche Geldsumme für den Kauf war aus dem Sparstrumpf der alten Dame gekommen ...

Tage später, in den frühen Samstagabendstunden, sollte die Umbenennung mit einer Bordparty besiegelt werden und die Jungfernfahrt unter neuer Flagge stattfinden. Zu dieser Party hatten Fossie und Günny frühzeitig alle Freunde eingeladen. Einzig der alte Fahrensmann aus Dresden mußte absagen; ärgerlicherweise hatte er sich vor ein paar Tagen beim „Landgang" den Fuß gebrochen.

Als Fossie und Günny am Abend vor dem Ereignis auf der Straßenüberführung am Liegeplatz vor der Limmer Hafenschleuse standen und hinunter zu ihrem „Welfischen Schwan" schauten, der vertäut in der Abendsonne lag, überkam sie ein mächtiger Besitzerstolz ...

„Weißt du, Fossie", dabei ließ Günny seinen Blick über das spiegelnde Wasser des Kanals bis hin zur Conti-Brücke der Wunstorfer Straße schweifen, „im Koran heißt es an einer Stelle: Er hat euch die Flüsse dienstbar gemacht und die Schiffe ..."

Am anderen Morgen waren die beiden zeitig auf den Beinen. Außer daß sie, wie alle Tage, die Trinkhalle geöffnet hielten, mußten sie den Dampfer rundum für die bevorstehende Party ausstatten.

Wie immer, wenn es bei den beiden eng wurde, sprang Frau Elsa Pickenhagen ein und machte sich in der Trinkhalle nützlich. Bei dieser Einbeziehung in das Geschäft blühte sie auf. Hinter dem Fenstertresen auf einem Hocker thronend, bediente sie die Kundschaft mit größter Aufmerksamkeit. Wortreich kommentierte sie die Tagespolitik, empfahl gleicherweise die „Zeit", die „Hannoversche", die „Bild"- und die „Hürriyet"-Zeitung, beurteilte die Umwelteinflüsse auf das momentane Wetter, gab Ratschläge zur Aussaat von Petersilie und weihte diesen oder jenen in den neusten Tratsch ein. Ja, es war nicht zu leugnen, daß, wenn Elsa Pickenhagen das Zepter in der Hand hielt, der Umsatz in die Höhe schnellte.

Nachdem also Frau Pickenhagen die Trinkhalle „übernommen" hatte, gingen Fossie und Günny an die Vorbereitungen.

Von der Limmerstraße wurde eine größere Menge Nürnberger Würstchen herangeschafft, und aus dem Fischhaus am Schmukkplatz besorgten sie sich die leckeren Fischbrötchen. Danach hievten sie gemeinsam den großen Grill an Deck. Die zwei Fässer „Rupp-Bräu", die Fossie während seines „Überlandhandels" mit den Windfahnen und Sonnenuhren bei der Brauerei in Lauenau geordert hatte, rollten an Bord; genügend Gläser, Geschirr und Servietten wurden adrett sortiert. Aus der nahen Polster- und Ausstattungswerkstatt stellte Thomas Thomson eine riesige Chaiselongue zur Verfügung. Nachdem man sie mit vereinten Kräften an Bord gewuchtet hatte, wurde sie im neu eingerichteten Fahrgastraum gleich neben Matzes Cocktailbar plaziert.

Gegen Mittag waren die umfangreichen Vorbereitungen erledigt. Für einen Augenblick setzten sich Fossie und Günny auf den Bug ihres „Welfischen Schwans", tranken schon einmal ein durchgezapftes Glas „Rupp-Bräu" und schauten gespannt zu, wie drüben auf der anderen Seite zur Minute die „Niedersachsen IV" sachte an die Poller bugsiert und dort festgemacht wurde. Für den Binnenschiffer und seine zweiköpfige Crew war nun Wochenende. Die Schleuse zum Lindener Hafen war ohnehin nicht besetzt. Der alte Schleusenwärter Schiefer oder sein Kollege Linke hielten die Sonntagsruhe ein, und es war nicht damit zu rechnen, daß vor Montagmorgen geschleust wurde.

Günny erhob sein Bierglas und wies mit ihm auf die tief im Wasser liegende „Niedersachsen IV". Anerkennend äußerte er sich über das Anlegemanöver. Dann, nach kurzem Schweigen stupste er Fossie an und fragte, wie dieser sich denn das am Abend vorstelle?

„Vorstellen ...? Was meinst du mit ‚vorstellen'?", erwiderte Fossie, seinen Partner groß anschauend.

„Nun ja – hör mal, irgend jemand sollte den ‚Welfischen Schwan' doch über den Kanal nach Dedensen lenken, oder?"

„Ach so, das macht dir Sorgen!" Versonnen blickte Fossie hinüber zur „Niedersachsen IV". „Brauchste nicht, Günny! Für heute Abend schaukeln wir das schon – sollst sehen! Alles weitere wird sich mit der Zeit finden!"

Am Nachmittag noch bevor „Andy Lee" seine Musikanlage auf dem Deck verkabelt hatte und die „Power of the Energetic Rock'n'-Roll" aufdrehen konnte, tauchten einige Mitglieder der Fotogruppe „die Auslöser" auf und fotografierten das geschmückte Schiff samt seiner stolzen Eigner. Zugleich ergriff Wilfried Schmücking von „Hallo Sonntag" die Gelegenheit beim Schopfe und richtete an die beiden ein paar Fragen bezüglich des „Welfischen Schwans". Wenig später füllte sich der Dampfer nach und nach, und als nach einer Weile die vielköpfige Korona komplett an Bord war, konnte die Party beginnen.

Mit einem kräftigen Schlag an die Schiffsglocke wurden die Gäste an Bord des „Welfischen Schwans" begrüßt, die Cocktailbar eröffnet und der Bierhahn aufgedreht. Pepe, der „Barde von Limmer", unterhielt die Schar der Gäste eine geraume Weile auf der Gitarre mit heißblütigen Rhythmen aus Cuba.

Danach begann Andy Lee sein Programm in King Curtis-Manier: „Summertime Blues" ...

Es dauerte nicht lange, und der „Welfische Schwan" im Kanalbecken vor der Limmer Schleuse glich in der sommerlichen Dämmerung einem Tollhaus. Überall an Bord herrschte lebhaftes Stimmengewirr, das untermalt wurde von der fetzigen Rock'n'Roll-Musik; „Good rockin' teddy ..."

Später, nachdem Pastor Jochen Günther aus dem Freundeskreis eine kurze Ansprache gehalten hatte, die er mit den Worten „Das Schiff hängt mehr am Ruder denn das Ruder am Schiff" enden ließ, bildete sich eine dichte Traube um Fossie und Günny. Immer wieder mußten die beiden zum besten geben, auf welche Weise sie zu diesem Ausflugsdampfer gekommen waren.

Auch erzählte Günny, wie der Ausflugsdampfer zu seinem Namen gekommen war; er berichtete von jenem Abend, an dem sie wieder einmal in der Schlosserei beim abendlichen Grillen wohlschmeckender Fleischspieße saßen und aus heiterem Himmel die achtbare Frau Elsa Pickenhagen hereinstürmte.

Gleich sei sie angefangen, über die Rauchschwaden zu zetern: Immer wieder zögen die Gerüche in ihr Wohnzimmer. Schon tausend Mal habe sie das moniert!

Fossie habe sie dann mit der Bitte, die Patenschaft für das Schiff zu übernehmen, überrumpelt. „Was meinen Sie, verehrte Frau Elsa Pickenhagen, dazu?“, habe er ihr treuherzig ins Ohr geflötet. „Du meine Güte!“, habe sie geantwortet, „du bist mir ein schöner Geometer!“ Mit der Namengebung für den Dampfer konfrontiert, war ihr im Nu der Wind aus den Segeln genommen.

Frau Pickenhagen fühlte sich von diesem Antrag ungemein geschmeichelt ...

Prompt entschied sie, daß das Motorschiff nach der von ihr verehrten Julie Schrader – einem wilhelminischen Fräulein aus Hannover – genannt werden sollte.

Damit waren Fossie und Günny allerdings nicht gleich einverstanden gewesen. Ein bißchen mehr Poesie und Witz sollte doch dabei sein! Doch Frau Pickenhagen sei kaum zu bremsen gewesen.

„Am Mast die Gottesfahne, am Heck das Wort Ade! Der Wind pfeift voll Schikane: wie tut der Bug mir weh! ‚Welfischer Schwan‘ soll der Name sein – Punktum!“

In spaßiger Art und Weise, mit dem unverkennbaren Gehabe der Frau Elsa Pickenhagen, schilderte Günny seinen Zuhörern diese Szene.

Im weiteren Verlauf des Abends häuften sich dann bei den Gästen die Fragen, wann man mit diesem „Welfischen Schwan“ denn endlich „in See steche“ ... Ob man vielleicht auf die Taufpatin Frau Elsa Pickenhagen warte?!

Einige frotzelten über das „Festliegen des Kahns“ und stimmten mit Andy Lees Unterstützung „Wir lagen vor Madagaskar ...!“ an.

Günny sah sich hilfesuchend nach seinem Partner Fossie um. Doch der war nirgends aufzutreiben. Niemand hatte ihn gesehen. Wo mochte er nur stecken?

Freddy Caruso, der sich unter den ausgelassenen Gästen befand, stimmte gerade leidenschaftlich seinen neusten Song „Sehnsucht“

an, als plötzlich der Schiffsdiesel angeworfen wurde, die Positionslampen am neuen, hochaufragenden Fahnenmast aufleuchteten und vom Heck bis zum Bug ein entzücktes „Aha!" ertönte – jedermann an Bord vermutete, daß es nun mit der Bootsfahrt losginge.

Ahnungsvoll stürzte Günny hoch zum Ruderhaus des „Welfischen Schwans".

„Sag mal, willst du wirklich ohne jegliches Patent das Schiff fahren? Bist du verrückt? Hast wohl zu viel Bier intus ...?" In der Absicht, seinem Partner gehörig den Kopf zu waschen, hatte er erbost die Tür zum Ruderhaus aufgerissen. Doch mitten in seiner Schimpfkanonade hielt er verstört inne, denn im Ruderhaus gewahrte er einen gänzlich Fremden, der ihn mit „Mijnheer" ansprach.

Fossie, der zwischenzeitlich hinter Günny getreten war, tippte diesem auf die Schulter. „Was ist denn mit dir, Partner? He, was guckst du so ...? Stimmt was nicht? Alles klar, Mann! Nur ruhig Blut!"

Während Günny im Kreis der Freunde von der Namensgebung erzählt hatte, war Fossie unbemerkt von Bord gegangen und zur „Niedersachsen IV" hinübergelaufen. Dort hatte er den Käpitän angesprochen und um nachbarschaftliche Hilfe gebeten.

Der Holländer hatte zunächst gezögert, denn eigentlich wollte er zusammen mit seinem Bootsmann den „Holländer" am Lindener Markt aufsuchen. Jau, aber die Aussicht auf eine Bordparty mit leckerem Bier in seiner unmittelbaren Nachbarschaft überzeugte ihn schließlich. Nun war er an Bord, um den „Welfischen Schwan" den Kanal entlang bis zum „Dedenser Fährhaus" zu steuern.

Fossie läutete munter die Schiffsglocke und gab damit allen das bevorstehende Ablegen des Dampfers kund.

Durchdringend ertönte das tiefe Schiffshorn über dem im Abendlicht liegenden Kanalbecken vor der Limmer Hafenschleuse. Tuckernd löste sich der „Welfische Schwan" vom Poller, schob seinen Bug in Richtung Conti-Brücke und nahm langsam Fahrt auf.

Auf dem Leinpfad stand der Mann mit dem Dackel und blickte unverwandt herüber ...

Überraschenderweise drosselte Käpt'n Piet de Voss Minuten später abrupt die Maschine und ließ den „Welfischen Schwan" knapp fünfzig Meter vor der im Dunkeln aufragenden Conti-Brücke im Fahrwasser dümpeln ...

Holla auch! Was war los?

Der festgeschweißte, stattliche Fahnenmast mit seinen leuchtenden Positionslampen und Wimpeln war um knapp einen Meter zu hoch; der „Welfische Schwan" konnte die Straßenbrücke nicht passieren ... Verdammig noch eins!

Schon wollten einige der Freunde mit der Eisensäge dem Fahnenmast beherzt zu Leibe rücken. Nein, das kam überhaupt nicht in Frage! Nach einer kurzen Besprechung fanden Günny und Fossie gemeinsam mit Piet de Voss eine Lösung aus dem Dilemma. Vier, fünf Mal wollte man mit dem „Welfischen Schwan" zwischen Straßenbrücke und Hafenschleuse hin- und herschippern – die gute Stimmung ließen sie sich doch nicht durch so einen zu lang geratenen Fahnenmast verderben!

Schweigend hockten sie, jeder von ihnen eine Flasche schwarzes Bergbier in der Hand haltend, auf der Werkbank in der kleinen Schlosserei beieinander und ließen ihre Gedanken wandern.

Letztendlich waren sie aus der Sache noch recht gut herausgekommen, wenn man die Arbeitszeit und die Kosten für den Fahnenmast, die Lackfarbe sowie den Diesel nicht einrechnete. Denn bei diesem sonderbaren Geschäft war schließlich der aufgemöbelte und liebevoll gepflegte „Hanomag-Kurier" in ihren Besitz gelangt. Das Teil konnten sie ohne Frage recht gut für ihre Trinkhalle und den Vertrieb ihrer kunstvollen Schlosserarbeiten gebrauchen!

„Außerdem haben wir in der Nacht mit unseren Freunden eine wirklich ausgefallene Bordparty auf dem „Welfischen Schwan" gefeiert – einfach toll, oder findest du nicht?! Und daß wir den Dampfer tags darauf gegen den bildhübschen ‚Hanomag-Kurier' tauschen konnten ... Der Tüftler war ja richtig versessen auf den ‚Welfischen Schwan'. Versiert, wie der Mann den Hanomag hinbekommen hat, wird er auch den Dampfer auseinandernehmen und aufarbeiten ... Sollst mal sehen!"

Nach kurzem Schweigen merkte Günny an: „Was man aus einem Schiffbruch rettet, ist ein Gewinn ..."

Es war die Stunde, in der man in den einfachen und schlichten Dingen des Lebens das lautlose Glück verspüren konnte.

Dreizehnte Episode

„Neue Töne für Linden" – im Stadtteil fanden die dritten Kulturtage statt ...

Vor seinem Umzug nach Linden hatte die hübsche Mietwohnung im dritten Stock weit über ein halbes Jahr leergestanden. Ein ziemlich verwunderlicher Zustand, zumindest in diesem Stadtteil.

Dabei war diese Wohnung vom Zuschnitt recht ansprechend gehalten und obendrein mit einem Fahrstuhl zu erreichen. Aber wahrscheinlich ließ sich angesichts der Auflagen vom Wohnungsamt kein passender Mieter finden. Davon mal abgesehen, wer wollte schon unbedingt in Linden-Nord wohnen ...?

Inzwischen hatte Eva-Maria Brakel als umsorgende Persönlichkeit ziemlich viel Kummer mit „ihrem" „TuWat"-Projekt und den neun generationsübergreifenden Mietparteien in dem Haus Walter-Ballhause-Straße.

So zumindest war es während einer im vergangenen Jahr abgehaltenen AGLV-Versammlung, bei der sie ihr Projekt engagiert vorstellte, herauszuhören.

Junge Familien und alleinstehende ältere Menschen sollten in diesem „TuWat"-Projekt eine Hausgemeinschaft bilden; es ging bei dem Projekt vor allem darum, der Vereinsamungstendenz im Alter entgegenwirken.

Wegen der B-Schein-Bindung und anderer tiefgreifender Bestimmungen, die auf den Mietwohnungen in diesem Wohnhaus lagen, gelang es der engagierten Eva-Maria Brakel nicht, einen in das Raster passenden Mieter für die besagte Wohnung zu bekommen. Auch eine Inserats-Aktion im gemeindeübergreifenden Kirchenblatt „VorOrt" brachte keinen Interessenten.

Nach langem behördlichen Hin und Her und mehrfachem Vorsprechen beim zuständigen Wohnungsamt konnte Eva-Maria Brakel vor Jahr und Tag dann erreichen, daß sämtliche Auflagen für diese Wohnung außer Kraft gesetzt wurden ...

Rein zufällig war er auf die leerstehende Wohnung in Linden aufmerksam gemacht worden.

Achtzehn Jahre hatte er in der List gelebt und in dieser Zeit immer wieder höchst merkwürdig abgefaßte Zeilen von dem im Souterrain lebenden Hauseigentümer bekommen, in denen dieser ihm unter anderem massiv androhte, das jeweilige Aufsetzen seiner Briefe in Mietangelegenheiten mit dreihundertsechzig Mark in Rechnung zu stellen. Die Schreiben enthielten teilweise absurde Beschuldigungen; der Eigentümer legte den Mietvertrag recht eigenwillig aus und nahm seine Obliegenheiten vielfach nur unzureichend wahr. Die kapriziöse und zugleich absurde Allüre mit dem Briefkasten sowie anderer mutwilliger Eskapaden, die zu aberwitzigen Lächerlichkeiten ausuferten, ließen ihn Ausschau halten nach einer neuen Wohnung. Insofern kam ihm das Angebot vom „TuWat-Wohnprojekt" in Linden gelegen. Die adrette Wohnung sagte ihm sofort zu. Seine damalige Reserviertheit gegen diese Wohngegend hatte er zwischenzeitlich ohnehin schon abgelegt.

Irgendwann in der Vergangenheit war er nach einem großartigen Konzertabend auf Vorschlag eines Kollegen – drittes Pult Flöte – „auf ein Bier" in den Kneipenkeller vom TAK eingeladen worden.

Eingangs war er von dieser Idee überhaupt nicht angetan gewesen; wohnte er doch in der List unweit der Hochschule für Musik. Dort gab es zweifelsohne Möglichkeiten zuhauf, den Abend nach einem solchen Konzert niveauvoll ausklingen zu lassen. Die List, das war ein ganz anderes Pflaster – ein durch und durch ansprechender und höchst gesitteter Stadtteil! Mußte es denn ausgerechnet Linden sein?!

Er hatte seinen Orchesterkollegen schräg von der Seite angeschaut – nicht, weil er den Weg aus der Innenstadt nach Linden scheute! Aber mit dem Frack in eine Lindener Kneipe gehen – also nein, das konnte er sich nicht gut vorstellen. Überdies wußte er genau, daß er in jeder feinen Kneipe der List seinen gepflegten Frankenwein kredenzt bekam.

Zu allem Überfluß schlug sein Kollege auch noch das „Etablissement" dieses klassenkämpferischen Radikaldemokraten Kittner vor. Er war nicht gerade erbaut von dem Vorschlag.

Doch der Orchesterkollege stimmte ihn beredsam um; etwas später kehrten sie im TAK-Keller ein.

Gleich am Eingang fiel ihm der ankündigende Hinweis auf eine Lesung des Werks „Eine Reise ohne Ende" der holländischen Schriftstellerin Lisette Lewin – eine Kulturkooperation von TAK, der Buchhandlung Decius und dem Nijgh & Van Ditmar Verlag, Amsterdam – ins Auge.

Im Verlauf des Abends mußte er seine Vorurteile gänzlich revidieren. Nach eingehender Musterung des Publikums im TAK-Keller gestand er sich ein, daß es sich nicht anders zusammensetzte, als er es aus den Lokalen der List gewohnt war. Außerdem fand er das Interieur des TAK-Kellers recht ansprechend, und zu seiner großen Überraschung bekam er auch einen hervorragenden Frankenwein serviert, einen Bocksbeutel „Würzburger Stein". Und mit ihren festlichen Fräcken fielen sie gar nicht auf – niemand der Anwesenden nahm irgendwie Anstoß daran.

Als später Franz Josef Degenhardt nach seinem Bühnenauftritt mitten unter den anwesenden Gästen an einem der Tische Platz nahm und leutselig sein Bier trank, war seine Verwunderung vollkommen. Zweifelsohne war dieser Stadtteil wohl für Überraschungen gut ...

Im Laufe des Abends lernte er Horst Janzen, seines Zeichens Prinzipal des Theaters am Küchengarten, kennen und man kam auf Wohnqualität, Kultur und Milieu im Stadtteil zu sprechen. Unversehens mischte sich ein nebenan am Tisch sitzender Gast in ihre Unterhaltung ein und warf lebhaft, ein Argument nach dem anderen für den Stadtteil Linden in die Waagschale. Er stellte sich, an ihren Tisch heranrückend, als Egon Kuhn vor.

Der Mann mit dem leger umgehängten roten Schal zeichnete ein sehr lebendiges und pralles Bild des Stadtteils, den er als „sein" Linden bezeichnete, obwohl er, wie er erzählte, eigentlich aus dem katholischen Osnabrück stammte.

Hinter vorgehaltener Hand machte ihn sein Kollege augenzwinkernd darauf aufmerksam, daß Egon Kuhn in Linden scherzhaft der „Günter Grass für arme Leute" genannt werde und zu den schillernden Gestalten im Stadtteil zu zählen sei – fortwährend engagiert und couragiert, im übrigen der italienischen Küche überaus zugetan. Ein alter Kämpe! Außerdem sei er mit der Ministerin Edelgard Bulmahn, mit Herbert Schmalstieg, Wolfgang Jüttner und Doktor Wartenberg eng befreundet.

Neulich erst habe Egon Kuhn den Politikern im Stadtteil ordentlich die Leviten gelesen ... Seine Forderung, daß die Politik wieder Visionen haben müsse, bekräftigte er mit einer deutlichen Geste, bevor er sich eine weitere „Tasse Bier" bestellte.

Egon Kuhn sprach von Lindens eigenem und ganz besonderem Charme, und völlig ungerührt von der erwachenden Aufmerksamkeit des anwesenden Publikums stimmte er das Lied „...vom Lindenblatt auf der Brust" an.

Anschließend machte Egon Kuhn ihn auf Lindemann, einen liebenswerten Zeitgenossen, aufmerksam, der zusammen mit Emma Severing und Ruth Schwacke an der Treppe zum Theater lehnte und sich mit ihnen recht lebhaft unterhielt. Alsdann erhob Egon Kuhn das Glas und stieß mit ihnen auf das lebendige Linden an ...

Alles, was er im Verlauf des Abends über Linden erfuhr, machte ihm diesen Stadtteil zunehmend sympathisch.

Irgendwann im weiteren Verlauf ihrer Unterhaltung kam die Sprache auf das Thema Wohnen in Linden, und ganz nebenbei berichtete Egon Kuhn auch von einer leerstehenden Wohnung bei Eva-Maria Brakel im „TuWat"-Projekt in der Walter-Ballhause-Straße. –

Eine ganze Weile wohnte er nun bereits in dieser Wohnung.

Bei den Nachbarn galt er freilich als ein eher abgeschieden lebender Sonderling; eben ein Musikkünstler, Zirkusmusiker, Tangogeiger oder dergleichen. Genaues wußte man nicht über ihn – aber als Musiker hatte er doch irgendwie mit dem „Tingeltangel" zu tun, meinten sie. Obendrein wohnte der Herr auch noch im „Tun und Wohnen im Alter"- Haus, da wußte man doch sofort Bescheid!

In der ersten Zeit blieben Zurückhaltung auf der einen Seite und Verschlossenheit auf der anderen Seite bestehen. Man mußte sich erst aneinander gewöhnen. So waren sie eben, die Menschen in Linden.

Dennoch, wenn zuweilen sein einfühlsames Geigen- oder Harmoniumspiel aus der Wohnung drang, zeigten sie hochherzig eine Spur Nachsicht. „A month in the country" – „Schau an – der Geiger hat Laune und spielt auf", meinten sie dann.

Manches erschien den Bewohnern, die zur Sommerzeit rundherum auf den Balkonen dem Geigenspiel lauschten, fremd. Andererseits erklangen hin und wieder auch bekannte Töne aus dem geöffneten Fenster des Geigenspielers, und so litten sie ihn nach dem Motto: „Soll er doch; jeder nach seiner Fasson".

Eine Nachbarin ließ mit der Zeit sogar etwas wie Sympathie erkennen. Jedenfalls war ihm aufgefallen, daß sie ihr Fenster öffnete, wenn er eines seiner Instrumente erklingen ließ. Zwar stand sie immer hinter der Gardine, aber sie wurde von ihm dennoch wahrgenommen.

Eines Tages klopfte es am frühen Vormittag an seiner Wohnungstür, und als er erstaunt öffnete, stand sie vor der Tür.

Ohne lange Vorreden teilte sie ihm mit, daß sie Geburtstag habe, und da der Herr Musiker zuweilen so reizend auf der Geige und dem Harmonium spiele, bäte sie ihn um ein Ständchen; wenn möglich, das bezaubernde Lied „Kein schöner Land"...

So hatte er sie kennengelernt, seine Nachbarin, das Fräulein Gesine Struckmeyer – ein echtes Lindener Naturell und, wie sie ausdrücklich erwähnte, „mit dem Lindenblatt auf der Brust"... Außerdem, so betonte sie, kannte sie von früher die Georgi vom Ballett.

Er stand an einem der Fenster und schaute hinüber auf den ruhig fließenden Fluß.

Unterdessen pochte das Metronom im vertrauten Takt, den er vor etlichen Jahren, am Tag seiner Festanstellung im Orchester, eingestellt hatte. „Adagio" zeigte die Skala an.

Nie wieder hatte er seither den Takt am Metronompendel verändert. Seit Zeiten besaßen alle Abläufe in seinem Leben diesen unveränderten Rhythmus; jeden Morgen um die gleich Zeit die gleichen Vorgänge, die gleichen Handhabungen und die gleichen Beweggründe. Ostinato ...

Auch der Umzug von der List in die Wohnung des „TuWat"-Projekts konnte daran nichts ändern. In diesen Dingen war er überaus pedantisch.

Stur hielt er sich an den selbst auferlegten Tagesrhythmus – Disziplin war seine Maxime. Sah man von dieser Absonderlichkeit ab, galt er bei den Kollegen im Orchester als umgänglich.

Seit einiger Zeit saß er verbissen an einer Komposition, bei der er seine persönlichen Eindrücke und Empfindungen über den Stadtteil in Noten umsetzte.

Musikalische Fragmente, deren Inhalte er an verschiedenen Stellen in Linden gesammelt hatte, sowie das eigentliche Hauptthema waren nahezu fertiggestellt; es fehlten noch die Übergänge. Wenn in etwa drei bis vier Monaten die Arbeit abgeschlossen sei, so hatte er es mit Horst Latzke abgesprochen, solle diese Klangkomposition für die Vertonung eines stadtteilbezogenen Films herangezogen werden.

Vor Monaten hatte er den Lindener Filmemacher Latzke morgens in der Heidebrot-Backstube auf der Limmerstraße bei einer Tasse Kaffee zufällig kennengelernt. Über die Alltäglichkeiten in Linden kam man ins Gespräch.

Im Verlauf dieser Unterhaltung ließ Horst Latzke durchblicken, daß er sich momentan mit dem Gedanken an ein interessantes Vorhaben trüge.

Er beabsichtigte, einen dokumentarisch ausgerichteten Film über den Stadtteil zu drehen, dessen Arbeitstitel „Hundert Tage – Mutmaßliches über Linden" sei. In einem kurzen Abriß entwickelte Horst Latzke sein Konzept. Und schon bald hatte der Filmemacher ihn für dieses Vorhaben begeistert.

In einem späteren ausführlichen Meinungsaustausch über dieses filmische Projekt, einigte man sich auf eine Zusammenarbeit. Die symphonische Untermalung der einzelnen Einstellungen des Films sollte ihm obliegen.

Er wollte sich an Charles Ives orientieren, der in „Central Park in the Dark" nächtliche Ereignisse im und am Central Park musikalisch umgesetzt hatte. Eine Komposition aus Klängen, die man in Linden hören konnte, wenn man am Lichtenbergplatz, am Schwarzen Bär, im Ihme-Zentrum, auf der Limmerstraße, der Fössestraße, in der Sankt-Martin-Kirche, nahe den zahlreichen Schulen, am Lindener Markt, am Küchengarten, drunten an der Leine, in der Bildhauerwerkstatt von Meister Supper oder in einer der zahlreichen Kneipen weilte.

Mancherlei bot sich für seine musikalische Montage an: Der über die Industriebrache streichende Wind, Hampes „Kultur und Fisch"-Fest im Kohlenhof von Oppermann, die Lebendigkeit des Wochenmarkts rund um den Nachtwächterbrunnen, das Bierfest in der großen Halle der Lindener Brauerei, die mittägliche Stunde unter den alten Bäumen im „Von-Alten-Garten", der Abschiedsgottesdienst für Pastor Günther, Güterumschlagsimpressionen im Lindener Hafen, die Eröffnungsparty der Nachtschwärmerkneipe „Debakel", das Verweilen und Innehalten auf dem Bergfriedhof, die Betriebsamkeit auf der Limmerstraße, die gedehnten Momente am Spielfeldrand, der schweifende Blick vom Dach der Stadtwerke hinüber ins Calenberger Land, Thekengespräche im „Härke Fass" bei Nikos, die Weltenferne von Steinmetzmeister Suppers Hinterhofatelier, jenes kleine „Schmuckplatzfest" im Mai, ein beliebiger Abend vor einer Trinkhalle in einer der zahlreichen Seitenstraßen, Feierabendzeit am Fabriktor von Westinghouse, das voluminöse Echo unter der Dornröschenbrücke, die Abgeschiedenheit einer Buchbinderwerkstatt, das gesellige Straßenfest in den Hofgärten der Viktoriastraßen-Anwohner, der stille Spaziergang vom Lindener Berg herunter durch den Stadtteil an die Ihme. Blatt für Blatt nahm die Mappe an Umfang zu, phantasievoll band er Eindrücke und Begegnungen in die Komposition ein.

In den Morgenstunden machte er sich jeweils daran, seine Empfindungen in Form von Noten niederzuschreiben.

Häufig saß er bis in die späten Vormittagsstunden, nachdem er das Pendel des Metronoms zum Stillstand gebracht hatte, an dem zweizügigen „Hörügel"-Harmonium und ließ seine Finger über die Tasten gleiten. Hin und wieder unterbrach er sein forschendes Spiel und schrieb die Noten auf das Blatt. Mehr und mehr fand er Gefallen an den Zitaten und ihren Phrasierungen. Manchmal hielt er leise Zwiesprache mit dem altmodischen Instrument, dann ließ er die in Noten gesetzte Musik der Komposition wieder erklingen ...

Nach seinen Orchesterdiensten – den Konzerten und Opernaufführungen – konnte man ihn zuweilen auch im TAK-Keller beim Frankenwein antreffen oder im Café International sitzen sehen.

Da sich das Café International ganz in der Nähe befand, erkor er es zu seinem Stammlokal. Beinahe jeden Sonntagmorgen ging er hinüber und frühstückte dort in aller Ruhe. Auch hier machte er sich musikalische Notizen.

Im Laufe der Zeit lernte er in dem Café verschiedene Leute kennen. Er besuchte dort auch Lesungen sowie anderweitige Veranstaltungen.

Vor zwei Monaten hatte er im Café Internatiional mit kleiner Besetzung ein Konzert gegeben. Dabei hatte er einige Ausschnitte aus der nun fast fertiggestellten „Lindener" Komposition vorgestellt. Die Musik hatte beim Publikum reges Interesse gefunden. Nach Ende der Darbietung setzten sich die Zuhörer mit ihm sehr intensiv über diese Art Musik auseinander.

Bei dieser Gelegenheit lernte er Professor Hubert und Wolfgang Roesener kennen. Im Verlauf des Gesprächs erzählte Wolfgang Roesener, daß er seit Jahren jedes Konzert des Orchesters und, wenn möglich, alle Opernaufführungen im hannoverschen Opernhaus besuche. Auch dem Sprechtheater in der Prinzenstraße war er nicht abgeneigt. An diesem Abend wurde es sehr spät, bis man auseinanderging.

Er traf die beiden Herren im Cafe International noch manches Mal, bei denen neben Musik und Literatur auch augenzwinkernd von dem außerordentlichen Vorhaben die Rede war, die grauen Betonklötze des Ihme-Zentrums im Rahmen der EXPO 2000 als „Christo-Projekt" zu verpacken, bis er sie in den Sommermonaten aus den Augen verlor.

In dieser Zeit kehrte er Linden für einige Wochen den Rücken und verweilte im fränkischen Volkach, wo er als Musiker die Konzerttermine des „Collegium musicum" im Schloß Weißenstein/Pommersfelden wahrnahm.

In einer Konzertpause an einem der letzten Abende traf er im weitläufigen Park auf Hilke und Paul. Man kam beim Glas „Eschendorfer Lump" ins Gespräch; und wie sich bald herausstellte, waren die zwei ebenfalls in Linden in der Nähe zum „Katholischen Bahnhof", wie Paul humorvoll anmerkte, zu Hause.

Man verabredete sich für den nächsten Abend in der „Rose"; bei einem „Volkacher Ratsherr" könne man das eine oder andere über Linden austauschen – Mutmaßliches gab es zur Genüge.

Am Abend danach wurde dort in der „Rose" beim Frankenwein auch die großartige Idee einem Symphoniekonzert im neu zugänglichen Teil des „Von-Alten-Gartens" geboren. Der laue Sommerabend sowie der Volkacher Tropfen hatten ihn für diese Idee aufgeschlossen ...

Man stelle sich vor: Der abendliche Park mitten in Linden mit seinen alten Bäumen, und dann das vielköpfige Staatsorchester; Concertino für Klarinette und großes Orchester von Carl Maria von Weber. Das wäre schon etwas wirklich Besonderes für den Stadtteil. Paul geriet darüber mächtig ins Schwärmen.

Natürlich brächte solch ein Vorhaben beachtliche Anstrengungen mit sich. Das Konzert müsse gut durchdacht und organisiert werden. Ganz gewiß würde dieses außerordentliche Projekt eine nicht unerhebliche Summe Geld verschlingen; Kultur war eben nicht zum Nulltarif zu haben – auch nicht in Linden!

Nun, er wollte schon sein Scherflein dazu beitragen. Späterhin ließ er in das Gespräch einfließen, daß er seit einiger Zeit an einem musikalischen Klangbild Lindens in Form einer Symphonie arbeite, und daß diese Arbeit bald zum Abschluß käme. Eine fabelhafte Sache wäre es für ihn, wenn die Komposition bei diesem Konzert uraufgeführt würde ...

Herbstzeit; nach den Konzerttagen im Fränkischen waren einige Wochen ins Land gegangen.

Seit etlichen Tagen drangen morgens fremd anmutende Töne zu ihm herüber.

Nach einer geraumen Zeit des verwunderten Zuhörens brachte er sein Instrument in Position. Impromptu – sich sachte herantastend und den verwehten Tönen der Sackpfeife eher forschend folgend, nahm er das Spiel auf. Improvisierend eilte er den Tönen nach und rundete für sich die Vorgaben des unbekannten Spielers phantasievoll ab.

Hin und wieder hielt er in seinem Spiel inne, ließ das Instrument sinken und schloß, der Pfeifenmelodie lauschend, für einen Moment die Augen.

Dann nahm er sein Instrument wieder auf und entlockte ihm Klänge, die ihm aus seiner „Lindener" Komposition in den Sinn kamen.

Überrascht bemerkte er, daß sich das ferne Spiel hervorragend in seine Musik einfügte. Schnell schrieb er die Noten nieder, änderte hier den Tonsatz und ergänzte dort die Bindung. Sodann zelebrierte er jede einzelne Note. Er gewann Gefallen an dem ungebundenen, zufälligen Zusammenspiel über eine Distanz hinweg.

Altweibersommer; über den Fluß zogen Nebelschwaden.

Vor der breiten Straßenbrücke am Ihme-Zentrum türmte sich der Nebel auf und verschloß den Durchblick zum Schwarzen Bären. Auf den von Ufer zu Ufer reichenden Dunst legte sich um diese Stunde das Morgenlicht der Sonne.

Heute standen für ihn die Dinge gänzlich anders als an allen vorherigen Tagen, an denen er aus der Distanz heraus mit seinem Instrument dem Sackpfeifenspiel gefolgt war.

Als er kürzlich mit Horst Latzke im Café International saß, von dem morgendlichen Sackpfeifenspiel berichtete und seine Improvisationen dazu schilderte, keimte in ihnen eine Idee auf.

Zu gewohnter Zeit hatte er die Gardine sorgsam zur Seite gezogen und das Zimmerfenster sperrangelweit geöffnet.

Heute wollte er sich einbringen, sein Spiel in das des anderen einbinden und so mit dem fremden Sackpfeifenspieler ein Ganzes entwickeln ... Nun verweilte er am Fenster, lauschte angestrengt hinüber zum Fluß und harrte auf die ersten Töne der Sackpfeife.

Von der Uhlhornkirche drang der Stundenschlag an sein Ohr. Sogleich notierte er sich den Glockenschlag in seine Notenunterlagen.

Unruhe ergriff Besitz von ihm. Wie jeden Morgen versuchte er, diese zu unterdrücken, indem er das Metronom in Bewegung setzte – der pochende „Adagio"-Takt erklang.

In diesem Augenblick drangen die Töne der Sackpfeife an sein Ohr. „Dann wollen wir mal!" sagte er zu sich selbst, ergriff den Geigenkasten und verließ die kleine Wohnung.

Als er wenig später ins Freie trat, spürte er in sich ein aufsteigendes Hochgefühl. Die vor dem Kiosk auf der schräg gegenüberliegenden Straßenseite mit Eimer und Besen hantierende Aysche sah ihn erstaunt an. Nein, heute keine Tageszeitung, winkte er heiter grüßend ab und wandte sich mit beschwingten Schritten der Ihme zu.

Auf dem schmalen Fußweg zwischen Heizkraftwerk und Altenwohnzentrum kam ihm Fräulein Struckmeyer entgegen.

Irgend etwas Zusammenhangloses murmelnd, schob sie einen Einkaufswagen vor sich her, auf dem ein Kasten „Lindener Spezial" festgezurrt stand.

Obschon rundherum in den benachbarten Straßen zahlreiche Trinkhallen vorhanden waren, zuckelte Fräulein Gesine Struckmeyer ungeachtet ihres hohen Alters einmal im Monat den für sie recht beschwerlichen Weg von der Walter-Ballhause-Straße hin bis zum Schwarzen Bär, um dort an der Ecke bei „ihrem" Nebgen-Kiosk einen Kasten „Lindener Spezial" zu erstehen.

Augenscheinlich war Fräulein Struckmeyer gänzlich mit dem Schieben des etwas widerspenstigen Einkaufswagens beschäftigt, so daß sie ihn womöglich überhaupt nicht wahrnahm. Trotzdem grüßte er sie, wie sonst auch, ausgesucht freundlich ...

Allerhöchstens fünf, sechs Schritte hatte er sich von ihr entfernt, als Fräulein Struckmeyer auf ihrem Weg innehielt und sich nach ihm umsah. Deutlich stand ihr größte Verwunderung ins Gesicht geschrieben. Eine Weile hinter ihm herblickend, rief sie ihm dann etwas Unverständliches nach. Anschließend kicherte sie, ergriff ihren Einkaufswagen und wandte sich der Walter-Ballhause-Straße zu.

Langsam breitete sich herbstlich-milder Sonnenschein aus. In unzähligen Spinnweben funkelten feine Tautropfen. Nur über dem Wasserspiegel der Ihme lagen noch dichte Nebelschwaden, und es hatte den Anschein, daß die schmale geschwungene Fußgängerbrücke schwerelos in der Luft hing. Zwei Angler saßen am Ufer im feuchten Dunstgeschiebe auf ihren Campinghockern und sprachen leise miteinander.

Gleich neben dieser Brücke, wo die Justus-Garten-Fähre zwischen den beiden Ufern pendelte, hingen in den niedrigen Bäumen und Sträuchern seltsame „Papiertafeln".

Seinen Weg unterbrechend, trat er neugierig an eine der nächsten Papiertafeln heran. Mit großen Lettern verkündete die Aufschrift, daß dieser am Ufersaum der Ihme installierte „Garten der Texte" eine literarische Aktion im Rahmen der Lindener Kulturtage sei und Flußbett, Wasserspiegel, Uferlandschaft und Silhouette des Stadtteils eine Verbindung durch die aushängenden Lyriktexte erfuhren. „Ein wenig Wohllaut und Parabelgesang – Sequenzen eines Augenblicks". Verweilend mochte der Passant die zwei Dutzend mit Fäden in den Ästen der Pappeln, Weiden und Eichen befestigten Texte lesen ...

„Gestern überquerte Luther die Elbe, indessen die übrigen auf der Bleichwiese unter Pflaumenbäumen saßen und sich die Wasserstände der Flüsse und Ströme anhörten." – „Im Steinbruch Mittelgart spielte zwischen dem umherliegenden Gestein der Poppenspäler mit seinen Figuren. Flöten hörte ich und Geigen, lustiges Baßgebrumm, und er sang das Lied vom König in Thule auf dem Schloß am Meer. Aus jeder Kiste ein Stücklein Wind ... Vom Mondgebirge klang es wider".

Als er sich der zweiten Papiertafel zuwendete, drang der Klang der Sackpfeife wieder in sein Bewußtsein. Er schaute zur Robert-Leinert-Brücke hinüber. Dort irgendwo zwischen den grauen Betonzylindern des Ihme-Zentrums mußte der Musikant zu finden sein.

Zielstrebig machte er sich wieder auf den Weg.

Die stark befahrene Robert-Leinert-Brücke war von dem Nebeldunst, der über dem Wasser lag, immer noch dicht eingehüllt, und die darüberliegende Sonne vermochte die Feuchtigkeit nur zögerlich zu zerstreuen. Autos und Straßenbahnen pendelten wie auf einer schwerelosen „Wolkenbahn" von der einen Flußseite zur anderen. Die mächtigen Betonstützpfeiler waren im Nebel überhaupt nicht zu erkennen.

Je mehr er sich der Brücke näherte, um so deutlicher konnte er das Sackpfeifenspiel orten. Als er dann die Nebelgrenze erreichte und in den feuchten Dunst eintauchte, gewahrte er nach einigen Schritten die schemenhafte Silhouette des Musikanten.

Hier, dicht an der Ihme, neben einer der Brückenstützen stehend, vor sich ein mit Steinen beschwertes Notenpult, blies der Spieler eine volkstümliche Sackpfeife, während sich die lauten Geräusche des fließenden Verkehrs ungehindert mit dem Klang seines Instruments vermischten.

Sich hinter eine der massiven Brückenstützen stellend, nahm er sein Instrument aus dem Geigenkasten und stimmte Augenblicke später einfühlsam in das Spiel des Musikanten ein.

Eine ganze Weile spielten sie so nebeneinander; die Sackpfeife gab den Part an und die Geige folgte ihr.

Schließlich verklang die Melodie, und beide standen, ein jeder an seiner Stelle, für einen winzigen Moment lauschend da. Über ihren Köpfen passierte gerade lautstark dröhnend eine Stadtbahn die Brücke. Als dieser Lärm verebbte und nur noch Autos über ihnen hin- und herrollten, näherten sie sich einander.

Zunächst musterten sie sich wortlos. Nach einer Weile streckten sie dann ihre Hände fast gleichzeitig aus und begrüßten sich. Für einen Außenstehenden hatte die Szene in diesem Moment den Anschein, als seien die beiden alte Bekannte, die zufällig aufeinandergetroffen waren.

Der Sackpfeifenspieler, zwar ziemlich verblüfft über das plötzliche Auftreten und das würdevolle Aussehen des Herren im Frack, ergriff als erster das Wort und stellte sich als Maschinenbaustudent Félix Lope Carpio vor.

An der Fachhochschule drüben am Fischerhof studiere er „Spanlose Formung – Gießereitechnik", und seine Studentenbude befände sich in der Laportestraße beim alteingesessenen „Weinhandelshaus Hasselbring".

Da die Umstände es ihm aber nicht erlaubten, in dem Wohnhaus seiner Passion als „Airinos das Rias Baixas" nachzugehen, ziehe er sich dafür hierher unter die Robert-Leinert-Brücke zurück.

An diesem Ort fühle sich niemand durch sein Sackpfeifenspiel gestört. Beinahe jeden Morgen vor der Vorlesung nähme er die Gelegenheit wahr und übe hier nach Notenvorlagen das traditionelle Spiel des „Gaita". Nebenbei erwähnte er noch, das er aus der Nähe von Vilarello stamme. Die kleine Stadt liege im Ponteverda. Das sei eine Provinz im nordwestlichen Spanien.

Daraufhin stellte er sich seinerseits als ordentliches Orchestermitglied des Staatsorchesters – Zweites Pult Bratsche – vor. Nachdem er die Umstände erklärt hatte, unter denen er hier an diesem doch ungewöhnlichen Ort aufgetaucht sei, klemmte er mit einführenden Worten, von Musiker zu Musiker, seine handgeschriebenen Notenblätter auf den Notenständer. Zum ersten Mal ertönten musizierten sie nun wirklich gemeinsam; die Geige folgte einfühlsam den Klängen der Sackpfeife – eine fürwahr erstaunliche Konstellation ...

Längst hatte die Sonne über den grauen Morgennebel die Oberhand gewonnen, und der lichte Schein des Tages drang nun auch unter die weitgespannte Brücke am Ihme-Zentrum.

Unversehens ertönte direkt vor ihnen auf dem groben Steinpflaster ein mehrfaches, silberhelles Klingeln. Es hörte sich an, als fielen Münzen aus der Höhe, immer und immer wieder, einem Sterntalerregen nicht unähnlich.

Neugierig geworden, hielten die zwei in ihrem Spiel inne, machten ein paar Schritte vorwärts, um an der Straßenbrücke hinaufzuschauen ...

Altweibersommer; Linden lag zu dieser Tagesstunde im milden Sonnenlicht. Die frühen Nebelschwaden über dem Flußlauf hatten sich aufgelöst. Das Ihme-Zentrum stürmte mit seinen von Stockwerken unterbrochenen Betonwänden in den blauen Himmel. Zwei Schwäne zogen auf dem Wasser der Ihme dahin. Und auf der Robert-Leinert-Brücke gewahrten die zwei Musiker eine große Ansammlung von Leuten, die am Brückengeländer standen und offensichtlich dem Dargebotenen gelauscht hatten.

„Genug! Einfach fabelhaft; alles in Ordnung, Leute, abgedreht!" – Das gleißende Scheinwerferlicht erlosch. Vollauf zufrieden mit diesen szenischen Einstellungen klappte Horst Latzke das Drehbuch zu. „Morgen machen wir weiter!" –

„Neue Töne für Linden"...

Mutmaßliches über Linden

Vierzehnte Episode

Unverwechselbar Linden – ...

Nachdem er seine feingearbeitete, silberne Gürtelschnalle gerichtet hatte, drückte er die Tür seines Dieseltrucks unter leichtem Anpressen ins Schloß. Dann fuhr er sich mit der Hand um das Kinn und musterte sich eingehend in der spiegelnden dunkelroten Lackierung des Karosserieblechs.

Hinter ihm flimmerte die erhitzte Luft über der staubigen Betonfläche des ziemlich desolat wirkenden Truckabstellplatzes.

Schon bildeten sich Schweißperlen unter seinem „Trail Rider". In den vergangenen Stunden seiner Tour hatte er nichts von der Hitze gemerkt. Die getönten Scheiben sowie die eingeschaltete Klimaanlage der Fahrerkabine ließen sie außen vor.

Erst als er mit seinem Truck wegen einer Rangierfahrt der Güterbahn vor dem Straßenübergang anhalten mußte und für einen Moment das Seitenfenster öffnete, wurde er sich der hohen Außentemperatur bewußt.

Fluchend schloß er die Seitenscheibe und schaute ungehalten auf die zahllosen Güterwaggons, die sich vor seinem Truck über die Schienen schoben. Die Folge der „Cronos"-, „Triton"-, „Seaco"-, „Nedlloyd"- sowie „Hamburg-Süd"-Container auf den niedrigen Eisenbahnwaggons riß nicht ab. Ein Vierzig-Feet-Container reihte sich an den anderen ... Im Schleichtempo, begleitet von dem schrillen Ton der schleifenden Bremsen und einer durchdringenden Warnglocke rollten sie vorüber.

Auch wenn er die Fernstraße mit seinem Kühltruck erst an der nächsten Ausfahrt verlassen hätte, so wäre ihm diese Rangierfahrt auf jeden Fall in die Quere gekommen. Denn nur zwei Zubringerstraßen führten ins Hafengebiet zu den zahlreichen Güterumschlagplätzen oder Lagerhallen der Speditionen und zu „Edd's Chevron Station". Beide Straßen wurden mehrfach von Schienensträngen gekreuzt. Und wenn in den späten Nachmittagsstunden die langen Güterzüge für die Nacht zusammengestellt wurden, rangierten die Eisenbahner ausdauernd hin und her.

Genervt schaute er auf die Zeitanzeige im ledergepolsterten Armaturenbrett. Langsam wurde er ungeduldig, denn schon längst hätte er mit dem Truck seine Wochentour bei Edd's Chevron Station beschließen können ...

Er unterbrach die im Laufwerk befindliche Kassette mit Kris-Kristofferson- und Johnny-Cash-Songs – „Highwayman – Big River"– und schaltete das CB-Funkgerät um auf Kanal vierzehn.

Für einen kurzen Moment hörte er in das typische Rauschen des unbesetzten Kanals hinein. Alsdann griff er nach dem Mikrofon und rief Edd's Chevron-Station in Linden.

Nachdem er seinen „Call" auf der Funkfrequenz abgesetzt hatte, trommelte er grantig mit den Fingern auf dem Lenkrad herum, bis sich schließlich eine aufgekratzte Frauenstimme mit „Edd's Chevron Station" auf Kanal vierzehn meldete.

Unter starken Hintergrundgeräuschen sprudelte es aus den Lautsprecherboxen heraus: „Hey Penguin! Schön, von dir zu hören! Chéri, wo in aller Welt treibst du dich mit deinem Kühlzug herum ...? Trudelst du hier demnächst ein? Edd's Chevron Station heißt dich wie immer willkommen! Wobei du ahnen kannst, daß, wie Freitags üblich, Festus' Laden bereits hübsch voll ist ...! Also, was hast du auf dem Herzen, Sugarboy?"

Zweifellos war die quirlige Rosie, Festus' Angetraute, an der CB-Kiste. Nicht, daß sich seine Laune nun auf einen Schlag verbesserte; aber seine Miene hellte sich zumindest geringfügig auf.

Er gab über Funk zurück, daß er mit seinem Truck unmittelbar vor Edd's Chevron Station stände und in Kürze hungrig wie ein Wolf dort einfallen werde, wenn ihn diese blödsinnige Rangiererei der Güterbahn nicht noch länger daran hindere. Ein große Kanne Bier und ein anständiges „Porterhousesteak", liebevoll serviert, käme ihm dann gerade recht und könnte ihn nach der verdammten Fahrerei aufbauen. Die ganze Nacht habe er von einem reellen Stück gegrilltem Rindfleisch aus Festus' Küche geträumt ...

„Oje Mann – Penguin, wenn du sonst keine anderen Träume hast! Okiedokie, das mit der Kanne Bier und dem ordentlichen Steak geht in Ordnung! Drück mal auf die Tube! Sieh zu und halt die Ohren steif! Cheerio, Sugar, bis dahin ...!" Lachend verabschiedete sich die Stimme auf der CB-Frequenz.

Kaum war dieses „QCR" mit Edd's Chevron Station beendet, da meldete sich bereits ein anderer auf dem Band ...

„He Penguin, hola, cómo estás? Auch mal wieder im Land? Amigo – hier ist Chico! Komme vom Norden herunter, stehe aber seit einiger Zeit in einem vermaledeiten langen Stau; ... más largo que eructo de jirafe, Jessus Maria! Wollte schon vor Stunden im

Truck-Stop bei Edd's Chevron Station reingeschaut haben; momentan jedoch geht hier nichts mehr, weder vor noch zurück! Sakrament, diese verdammte Baustelle ist ein verfluchtes Kreuz; ...está más cagado que palo de gallinero! Die werden und werden nicht fertig damit! Unmittelbar hinter meinem Truck haben sich auch Allround, Harpman und Vilalonga im Schlepp eingefunden. Wir stehen auf der glühendheißen Piste, während bei Festus schon der Teufel los ist! Arriba, Amigo! Sicher wird es nachher famosen Spaß geben. Jessus, Maria! He, Amigo, kannst ruhig schon an Festus die Order abgeben, daß er für den alten Chico einen ordentlichen Pott Kaffee aufbrüht. Frisch und schwarz wie die Nacht soll er ihn machen. So hilft er garantiert gegen Durst und Müdigkeit! Unter Freunden könnte man auch einen Becher Aguamiel, garniert mit einer Zitronenscheibe sowie einem Daumennagel voll Salz genießen und den immensen Staub der Straße hinunterspülen. Arriba, Amigo, hasta luego! Über kurz oder lang werde ich bei Edd's Chevron Station anrollen."

Amüsiert hörte er Chico zu, wie dieser seinen Abend in Edd's Chevron Station zu gestalten gedachte.

Genau wie er fuhr Chico seit Jahren nun schon für dieselbe Kompanie. Seinen Truckauflieger zierte ebenfalls dieser wollschalumschlungene Pinguin, der von einer glitzernden Eisscholle auf die nächste sprang. Bei Chicos Maschinenwagen handelte es sich nur um ein anderes Modell. Auf die Wagentüren hatte er kunstvoll einen, an einem Kaktus aufgehängten, Sombrero und den Namen „Chico" malen lassen. Im Grunde war sein Spitzname auf diese mexikanische Kopfbedeckung zurückzuführen; unter seinem eigentlichen Namen kannte ihn niemand; der war wahrscheinlich allein den Behörden bekannt ...

Genauso war er selbst rein zufällig zu seinem Spitznamen gekommen. Als er vor Jahren bei der Kompanie angefangen hatte und diesen langgestreckten Kühlzug mit dem aufgemalten Pinguin durch die Gegend chauffierte, hatte man ihm kurzerhand den Namen „Penguin" verpaßt. Unter den Truckern war immer das Nächstliegende gerade gut genug ...

Noch bevor er Chico antworten und ein paar Worte mit ihm wechseln konnte, meldeten sich einige andere Fernfahrer, die mit ihren Trucks ebenfalls in diesem Verkehrsstau festsaßen.

Im CB-Jargon wurden auf der Frequenz Grüße ausgetauscht, und man sprach sich ab, später einen gemütlichen Abend bei Edd's Chevron Station zu verbringen.

„Das wird ja wieder ein toller Auftrieb werden, bis man sich

Montag in der Frühe trennt und auf die Route geht. Wahrscheinlich stand wieder Vollmond ins Haus", dachte „Penguin" und schaltete vom CB-Funk zurück zum Kassettenteil: „Help Me Make It Through The Night ..." Satt klang der Kristofferson-Song aus den vier Boxen der ziemlich edel eingerichteten Führerkabine.

Im Moment passierte die schiebende Diesellokomotive den Straßenübergang.

Hier stoppte der Güterzug in seiner Rangierfahrt, und auf dem eisernen Umlaufsteg der bulligen Diesellok erschien „Willy-Woodhammer".

Mit großer Geste seine speckige Ballonmütze vom Kopf ziehend, machte er eine begrüßende Verbeugung. Zugleich steckte „Rabbit-Jack" seinen Kopf aus dem Führerstand der Lok, grinste herüber und machte ein eindeutiges Handzeichen. Zugleich wurde das lärmende Getöse des Dieselaggregats von dem mächtigen Kompressorhorn übertönt. Der Ton drang nervend durch Mark und Bein.

Das alles galt natürlich ihm, der hinter dem Steuer des Trucks saß und ungeduldig auf die Weiterfahrt wartete. Er versuchte, seinen aufkommenden Zorn herunterzuschlucken – er konnte sowieso nichts ändern; und wenn er sich aufregte, hätten die beiden „Rail-Affen" mit den geringsten Mitteln bereits ihr Ziel erreicht.

Man neckte sich eben immer wieder, und solche kleinen Schikanen waren an der Tagesordnung zwischen den Eisenbahnern und den Fernfahrern. So tippte er Langeweile mimend an seinen „Trail Rider", steckte sich ein Kaugummi in den Mund, verschränkte die Arme vor der Brust und gab sich abwartend. Bei nächster Gelegenheit würde er denen eins auswischen, darauf konnten die „Rail-Affen" Gift nehmen!

Das Kompressorhorn wurde noch einmal betätigt, der Güterzug ruckte, mächtig Dieselqualm ausstoßend, wieder an und rollte nun gleich hinter dem Straßenübergang über die umgestellte Schienenweiche auf ein anderes Gleis Richtung Hafenanlage und Lagerhallen.

Eine Weile später, nachdem der letzte „Evergreen"-Containerwaggon den Straßenübergang verlassen hatte, konnte er mit seinem Truck die Fahrt endlich fortsetzen.

Doch kaum war er ins Rollen gekommen und hatte die Schienen überquert, bemerkte er im Rückspiegel einen Polizeiwagen. Unter sichtbaren Zeichen forderte dieser ihn auf, umgehend die Fahrt zu stoppen.

Ärgerlich lenkte er, die Gänge wieder herunterschaltend, seinen Truck an den Straßenrand, bereitete die Lade- und Wagenpapiere vor und kurbelte die Seitenscheibe herunter.

Wieder drang ein anständiger Schub Hitze in das Innere der Fahrerkabine.

Beinahe gelangweilt schritt der Polizist am Kühlauflieger entlang und postierte sich unmittelbar an der Fahrertür.

„Na, Penguin?!" Süffisant zog der Gesetzeshüter seinen Verwarnungsblock aus der Tasche.

Alles, was nun kam, war zigfach bekannt und spulte sich nach einem ganz bestimmten Modus ab. Niemand der Beteiligten brauchte sich um den Dialog zu sorgen; der Text stand fest. Änderungen waren nicht gebräuchlich.

Eines der Stoplichter am Sattelauflieger, deren Funktion offensichtlich versagte hatte, während der Kühltransporter am Gleisübergang stand, sei dem Gesetzeshüter aufgefallen. Nun ja, Pech ...!

Nach Durchsicht der Papiere und Übergabe des Schriftstücks aus dem Verwarnungsblock entfernte sich der Polizist wieder.

Leise fluchend legte er das entgegengenommene behördliche Formular zu den anderen in das Handschuhfach. Dann schloß er das Wagenfenster, drehte die Musik auf – „Luckenbach, Texas – back to the basics of love ..." –, blickte anschließend kurz in das Panoramaglas des Rückspiegels und rollte, kräftig gasgebend, mit seinem Truck wieder an. Nun war er wirklich reif für Edd's Chevron Station ...

In der heißen Luft lag ein außerordentlicher Gestank nach erhitztem Gummi, Sprit und Öl.

Während er hinüber zu Edd's Chevron-Station blickte, rieb er, einer Gewohnheit folgend, das Oberleder seiner Stiefel an der Jeans ab. Dabei gab ihm der Absatz seines linken Stiefels unmißverständlich zu verstehen, daß er unbedingt in nächster Zeit den Schuster aufsuchen mußte ...

Auf der Abstellfläche vor Edd's Chevron-Station, die von mehreren großflächigen Werbetafeln für „Anheuser American Budweis", „Wolfmans Hard Rock Radio on 106,5 MHz", „The favour by Country Marlboro", „501 – Original Riveted Levi Strauss & Co. San Francisco Cal." und „United Colors of BENETTON" begrenzt wurde, parkte bereits eine reichliche Anzahl Trucks. Wie an der Perlenschnur aufgezogen standen sie mit ihren ausgeprägten Motorhauben in der flimmernden Hitze.

Etwas abseits davon, wie immer aus der Reihe tanzend, hatten die Kumpel „Teddy" Kowlczyk und „Running Fox" ihre mit „Genstar"-, „K-Line"-, „Tiphook"-Containern beladenen Trucks abgestellt.

An der Klappentür des roten „K-Line"-Containers war mit einem dicken Filzstift die Comicfratze eines Chinamannes zusammen mit dem Spruch „Die Dinosaurier sind ausgestorben, weil sie sich falsch entwickelt haben – zuviel Panzer, zuwenig Hirn!" gemalt.

Direkt hinter den Trucks türmten sich beträchtliche Berge von rostigem Industrieschrott auf, über denen zwei riesige Greifkrallen schwebten.

Drüben auf der gegenüberliegenden Straßenseite, gleich hinter Edd's Chevron Station, zogen sich fünffach gestapelte Containerreihen in das weitläufige Areal des Güterumschlagsgeländes hin und versperrten die weitere Sicht. Überall nur noch die rostigbraunen, grünen und orangefarbenen Metallboxen der weltweit genormten Container. Edd's Chevron-Station und der daneben aufgebockte, räderlose Wohnwagen wirkten in dieser Nachbarschaft viel kleiner, als sie eigentlich waren.

Besonders der Wohnwagen mit der Aluminiumhaut und der aufgekritzelten Hausnummer, in dem seit langem „G. G." hauste, wurde von den Containerstapeln förmlich erdrückt.

„G.G."– so wurde er jedenfalls von allen genannt, war vor Jahren an einem Herbsttag nach einem Motorschaden seines Zugwagens hier an der Chevron Station gestrandet.

Er bekam den Motor nicht mehr flott, hatte nicht genügend Bargeld für eine Reparatur, und so blieb er eben hier. Was er tagsüber so tat, entzog sich der allgemeinen Kenntnis. Wahrscheinlich wußte nur Festus, der Betreiber von Edd's Station, detailliert Bescheid.

Gelegentlich ging G. G. hinüber in Edd's Snackbar und machte mit Akkordeon und Kazoo aus dem Stegreif für ein paar Biere Cajun-Musik. Die anwesenden Zuhörer am Tresen und an den Tischen – Eisenbahner wie Trucker – ließen sich nie lumpen und spendierten dem baumlangen Kerl mit der rauhen Stimme jede Menge Drinks.

G.G. zählte zu den letzten, die halbwegs authentisch über Fritze Miller-Atlin berichten konnten, der am „Pine Creek" Nuggets und Goldstaub aus dem Sand gewaschen hatte. Wenn G.G. in seiner Cajun-Ballade Fritze Millers Weg über den „White Pass" im Yukon an die Ostseite des Atlin-Sees besang, verstummten alle und hörten andächtig zu.

Zur Zeit des vollen Mondes aber, wenn G. G. sein „Whiskey ist nicht irgendein Teufelszeug in Flaschen; nein – es ist heiliger Erdensaft aus engelsreinen Quellen mit der magischen Kraft keimenden Kornes und den verflüssigten Strahlen untergehender Sonne ..." anstimmte, war sein Gesang meist kaum noch zu verstehen ... –

Er steckte die Lade- und Wagenpapiere in die abgegriffene Ledertasche, die einer Satteltasche nicht unähnlich war. Dann schulterte er sie und spuckte sein Kaugummi an die vom Staub überzogenen Vorderreifen des Trucks und steuerte auf den flachen Bau der Chevron Station zu. Stille lag über dem Platz.

Er vermißte das nervtötende Kreischgeräusch der eisernen Hemmschuhe, die die Rangierer drüben auf dem benachbarten Gelände der Gleisanlage vor die Waggonräder stießen.

Eigenartig – vielleicht vollzog sich bei den Rangierern und den anderen „Rail-Affen" gerade drüben auf dem Schienengelände der Schichtwechsel für die bevorstehende Nacht.

Grundsätzlich erstarb das Rumoren auf dem riesigen Umschlagplatz zwischen den Terminals, Lagerhallen, Silos, Öltanks, Abfüllanlagen und Hafenbecken niemals. Unermüdlich beluden Containerbrücken Trucks, Waggons und Binnenschiffe. Dazwischen schoben sich die Carrier und Güterzüge. In den ruhelosen Nächten wurden die unzähligen Container über die verzweigten Gleise verschoben und nach Zielorten zusammengestellt. Das gesamte Areal wurde dann von riesigen Strahlertraversen bis in die äußersten Ecken des Verschiebebahnhofs beleuchtet.

Einige Eisenbahner kannte er. Man mußte sie zu nehmen wissen. Unter ihnen gab es mächtig ruppige Typen; gelegentlich wurden die unüberbrückbaren Gegensätze zwischen Fernfahrern und Waggonrangierern aufgezeigt, und nicht selten endete der Zwist in heftigem Geraufe. Meistens wußte nachher niemand mehr, wer die Rangeleien vom Zaun gebrochen hatte. Zu diesen Auseinandersetzungen kam es immer dann, wenn Rosie ihren „Jazzdancing-Abend" nahm und nicht hinter dem Tresen von Edd's Snackbar stand.

Rosie hatte nämlich ein besonderes Faible, das sie unter keinen Umständen aufgeben wollte. Mochte der Laden noch so voll sein: einmal in der Woche ging sie abends zum Jazzdancing. Daran war überhaupt nicht zu rütteln. An dem Abend mußte Festus gleichzeitig Küche, Tresen und manchmal auch die Zapfsäule bewirtschaften.

Hin und wieder konnte sich der eine oder andere am Tresen Sitzende seine Bemerkungen darüber nicht verkneifen. Doch Festus nahm diesen Spott meist gelassen zur Kenntnis oder konterte, wenn es ihm zu bunt wurde, mit deutlichen Worten. Er wußte die „Hillbillies", die bei ihm verkehrten, schon zu nehmen ...

An den Abenden, an denen Rosie zum Jazzdancing ging, fielen die auf geöltem Hickoryholz gegrillten Steaks noch großzügiger als sonst aus, und auch die „Hot Baked Beans" und die „Creolesauce" waren viel feuriger.

Aber die von allen geschätzten „Eggs Hollywood" und die feinen Pfannkuchen mit Ahornsirup gab es nicht. Die konnte nur Rosie so einmalig brutzeln. Für Sweets hatte Festus eben kein Händchen.

Im übrigen bot die Karte im „Old Bedlam", wie Festus Edd's Snackbar liebevoll nannte, eine herzhafte und typisch bodenständige „Blue Gras"-Küche. –

Kam es zu Handgreiflichkeiten zwischen Truckern und Railern, ließ Festus einfach den Rolladen vorm Tresen herunter und hatte etwas in der Küche oder an der Zapfsäule zu tun – damit war für ihn die Sache gelaufen. Am robusten Mobiliar konnte kein großer Schaden entstehen. Und wenn die Situation zu sehr eskalierte, wurde die Angelegenheit kurzerhand nach draußen hinter die riesige Waschhalle der Trucks verlegt.

Dort balgten sich die Kampfhähne dann ausgiebig und holten sich dabei nicht selten blutige Nasen. Erhitzten sich die Gemüter gar zu sehr, bekamen sie mit dem Wasserschlauch eine gezielte Abkühlung ...

Erst vor einigen Wochen war es zu einer dieser Raufereien gekommen. Wieder einmal hatte sich einer der anderen Gruppe an die Jukebox gewagt und durch einen Eingriff die Musiktitel zum eigenen Gefallen geändert.

Augenblicklich verstummten alle für einen Moment; die einen konnten es einfach nicht glauben, daß einer der anderen es riskierte, ihre Musik abzubrechen. Die anderen feixten und amüsierten sich ungeniert über die Tat des „Greenhorns".

In diese spannungsgeladene Situation platzte lärmend eine weitere Rotte Gleisbauarbeiter herein. Damit waren die Eisenbahner erheblich in der Überzahl. Sie klopften dem „Rebell" anerkennend auf die Schulter, umstellten die Jukebox und hoben rabiat die Lautstärke des Titels an. Danach nahmen sie die anwesenden Trucker lauernd in Augenschein.

„Riding the Rails, Lumberjack ..." klang aus den Lautsprechern.

Hinterher gab ein Wort das andere. Spröde Sprüche fanden ihre Adressaten. Alsdann begann das übliche „Stoß dich nicht am Bäumchen...!"-Spiel; die Eisenbahner schubsten die Fernfahrer – die Fernfahrer schubsten die Eisenbahner. Festus ließ den Rolladen vorm Tresen herunter ...

Bis die Ordnungshüter aus der Stadt angebraust kamen, war die allgemeine Ordnung längst wieder hergestellt, und alle saßen einträchtig beieinander.

Daß mehrere Billardkugeln nicht mehr auf dem grünen Filztuch des Tisches lagen und drei Queues zersplittert waren, interessierte keinen. Überaus leutselig klopfte man den herbeigeeilten Ordnungshütern auf die Schulter, bot ihnen zuvorkommend ein Bier an und wünschte ihnen höflich einen guten Weg.

Edd's Chevron-Station war eigentlich das Terrain der Fernfahrer, ließ man außer acht, daß, bevor damals von Edd die Chevron Station eingerichtet wurde, exakt an dieser Stelle ein massiver Holzschuppen der Eisenbahn-Gesellschaft gestanden hatte. Aber daran konnte sich eigentlich niemand mehr so genau erinnern. Allerdings pochten die Eisenbahner weiterhin auf ihr Platzrecht, das ihnen aus diesem längst abgerissenen Eisenbahner-Schuppen ursächlich erwachsen schien.

Mit der Zeit hatte es sich eingebürgert, daß die Partei, welche gerade in der Überzahl war, das Sagen in Edd's Snackbar hatte und somit bestimmte, welche Art Musik aus der Jukebox zur allgemeinen Unterhaltung ertönte.

Das Lokal wurde nun bereits seit zig Jahren von Rosie und ihrem Mann Festus geführt. Den ursprünglichen Namen hatten sie, trotz Rosies anderslautendem Wunsch, beibehalten. „Warum sollen sich die Leute an einen neuen Namen gewöhnen – ist doch völlig überflüssig", hatte Festus damals gemeint, als er dieses Anwesen von Edd übernommen hatten.

Bevor Festus, der von Haus aus Kinobetreiber und Filmvorführer war und eigentlich Justus W. Sarowskie hieß, mit Rosie zusammen diesen Laden übernahm, hatten sie drüben in der Stadt ein kleines Kino mit gut zweihundert Plätzen betrieben.

Über viele Jahre hin liefen bei ihnen des Abends hauptsächlich ausgesuchte Nischen- und Kultfilme über die Leinwand. Im Laufe der Zeit fand das kleine Kino aber immer weniger Anklang beim Publikum im Stadtteil; offensichtlich starb das Kino an der Überhandnahme der neuen Medien. Nach und nach blieben die Gäste aus, die Kasse stimmte nicht mehr, und schließlich mußte ihr Kino ohnehin einem Bauvorhaben im Stadtteil weichen.

Festus war hin und wieder auch in Filmproduktionen eingebunden gewesen. Als Komparsen hatte man ihn in verschiedenen Streifen eingesetzt. Sogar in einem monumentalen Filmwerk durfte er seinerzeit mitspielen – zwar im dreifachgestaffelten Hintergrund, aber immerhin. Festus konnte sich noch gut an den Streifen „Convoy" erinnern ...

Hinter dem Tresen in Edd's Chevron Station zeigte ein gutes Dutzend Fotos gleich neben denen seines ehemaligen Filmkunst-Theaters und Kinosaals großformatig diese „aktive" Filmvergangenheit. Festus hatte die pulsierende Hektik am Set geliebt.

Auch seiner Tätigkeit als ehemaliger Kinobesitzer und Filmvorführer trauerte er nach.

Von dieser Vergangenheit zeugte noch heute eine ausgediente

Kinomaschine. Im Gastraum der Snackbar gleich neben der Musikbox hatte dieser monströse Apparat und auch eine Reihe Kinosessel einen Platz gefunden.

Am Tag, als die Abrißkolonne mit ihren Baggern heranrückte und im Karree Häuser und sein kleines Kino dem Erdboden gleich machte, damit dort ein moderner Betonklotz mit Büroeinheiten entstehen konnte, hatte er das Kapitel „Film" für sich beenden müssen. In einer letzten langen Kinonacht hatte er seinem Publikum unter anderem noch den Clint-Eastwood-Streifen „Honkytonk Man" sowie den legendären Film „Blues Brothers" geboten.

An die Tage des Abrisses konnte Festus sich gut erinnern, und manchmal, wenn jemand es hören mochte, erzählte er am Tresen davon:

Die groteske Szenerie sei ihm wie in einem Film vorgekommen. Gleich gegenüber, auf der anderen Straßenseite, sei die Abbruchbirne ruhelos hin und hergependelt. Schließlich habe das Stahlseil, an dessen Ende der schwere Stahlkoloß hing, seine enorme Schwungkraft auf die Hauswände einwirken lassen.

Wie das unermüdliche Pendel eines Regulators habe die Abbruchbirne sich durch den Kinosaal gearbeitet.

Sequenzenhaft habe sich sein Filmkunst-Theater in Schutt und Staub aufgelöst. Eigentlich nichts Aufsehenserregendes. Alle naselang wich zu dieser Zeit im Stadtteil irgendein altes Haus einem Bauvorhaben.

Wie oft hatte Festus den Abbruch von Häusern in Filmen gesehen ...

Während er den Abriß seines Kinos vom gegenüberliegenden „Fishers" aus miterlebte, war er von Edd angesprochen worden. Edd bot ihm seine Chevron Station, Waschstraße und Snackbar im Güterumschlags- und Hafengebiet an.

So waren er und Rosie aus der Stadt hierhergekommen, und da Edds Anwesen als Edd's Chevron- und Snakstation bekannt war, ließen sie es eben dabei. –

Sich auf dem Stiefelabsatz umdrehend, steckte er die Lade- und Wagenpapiere in die abgegriffene Ledertasche, die in ihrer Art einer Satteltasche nicht unähnlich war. Dann schulterte er sie, spuckte sein Kaugummi an die vom Staub überzogenen Vorderreifen des Trucks und steuerte auf den flachen Bau der Chevron Station zu.

Er überquerte das zur Stadt hin stark flimmernde gleichzu verschwimmende Straßenband, an deren Rand sich auflösend Leitungsmast an Leitungsmast reihte. In der großflächigen Zufahrt zu Edd's Chevron-Station stand ein von Abfällen überquellender Einkaufswagen, bar seiner Räder, an einem rostigen Wasserhydranten. Mit seinem Näherkommen verscheuchte er mehrere schwarze Rabenvögel, die sich um den Einkaufslwagen geschart hatten.

Seitdem er diesen Kühlzug für das Speditionsunternehmen über den Kontinent lenkte, war er Wochenende für Wochenende hier. Ständig denselben Trail, die gleiche Route; Jahr für Jahr. Jeden Freitag rollte er mit dem Truck auf diesen schlecht asphaltierten Parkplatz des unübersichtlichen, von zahllosen Schienensträngen durchzogenen Gebietes am Rand der Stadt.

Am darauffolgenden Montag in der Frühe setzte er den Zug zum Beladen rückwärts an die Rampe des Kühlhauses, und kurz darauf fuhr er wieder auf seiner Trailroute. Dauernd auf Achse: Kühlfracht war Terminfracht!

Viereinhalb Tage später war er wieder hier bei Edd's Chevron Station. Für ihn ein gewohnter Trott. Er würde auch Pinguine nach Alaska fahren oder Eisblumen nach Holland – das war eben sein Job.

Die Stadt kannte er nur von den Hinweisschildern und von seinen Ladepapieren. Was sollte er auch dort? In seinem Dieseltruck besaß er eine wohnliche Schlafkabine; Essen, Trinken und Unterhaltung bis zum Montag gab es in Edd's Chevron-Station ...

Kurze Zeit später schob er die Eingangstür zur Snackbar auf. Hier empfing ihn Johnny R. Cash mit ungedrosselter Phonstärke: „I've got a thing about trains", „Locomotive Man", „When Papa played the Dobro", „South Wind", und der ganze „Riding the Rails Rotz".

Der gesamte Snack-Laden vibrierte unter der zornigen Patriarchen-Stimme seines Casey Jones Sprechblues ...

Sogleich war ihm klar, daß die rüden Eisenbahner in Edd's Snackbar in der Überzahl waren, folglich die Musik bestimmten, die die Jukebox hergab.

Er sah sich um. Die gesamte Truppe der Eisenbahner hatte den Tresen in Beschlag genommen, saß vor den Bierkannen und heulte wie ein Wolfsrudel Cashs „South Wind" mit.

Er lüftete seinen „Trail Rider" und wischte sich den Schweiß von der Stirn. Verdammt drückende Luft in Edd's Schuppen, dachte er bei sich und steuerte auf einen langgezogenen Tisch zu, an dem er „Teddy" Kowlczyk und „Ratze" sitzen sah.

Am Tresen vorbeigehend, vernahm er die unverholene Stichelei der Eisenbahner. Also hatte es sich bei den „Rail-Affen" bereits herumgesprochen, daß „Rabbit-Jack" und „Willy-Woodhammer" ihn aufgezogen hatten.

Weder nach rechts noch nach links schauend, zog er sich einen Stuhl heran und setzte sich wortlos zu Teddy Kowlczyk und Ratze an den Tisch.

„Hast Du Deine Lust auf ein außergewöhnliches Abenteuer schon entdeckt ...? Mach die Probe drauf – pack die Sachen für eine andere Art von Erlebnis! Gewinn mit Marlboro. Auf den Spuren der unbegrenzten Freiheit: Eine Fahrt von Montana über Washington auf dem legendären Canada-Highway 97; Meilen für Meilen auf einem PS-strotzenden Mak-Truck nordwärts Richtung Yukon. Ein Ding ausschließlich für Hartgesottene ..."

Mit ironischem Unterton las Teddy Kowlczyk den Werbetext vom Flyer vor, der überall auf den Tischen verteilt lag. Vor ein paar Minuten war eine kleine Marlboro-Werbetruppe in Edd's Chevron Station eingefallen und hatte für die Zigaretten-Marke mit dem gestählten Cowboy und dem Mustang geworben ...

„Na, Penguin, auf dem Trail ein bißchen Pech gehabt?" Den Werbeflyer beiseite schiebend, sah Kowlczyk ihn von der Seite an, und da er keine Anwort erhielt, nahm er sein Bier und kippte es hinunter. Hinterher wischte er sich grienend mit dem flachen Handrücken über den Mund. Sich im Laden umsehend, meinte er dann, daß Stunk in der Luft läge. Irgendwie habe er das unbestimmte Gefühl, daß es noch zur Sache gehen könnte. Allein schon dieser fortwährende „Casey Jones"-Singsang aus der Musikbox ... Im übrigen habe einer der „Rail-Affen" wohl die Spendierhosen an; eben sei völlig unvermutet für alle eine Lokalrunde geworfen worden ...

Bevor Kowlczyk weiter resümieren konnte, trat Festus an den Tisch und stellte drei große Biere ab.

„Hier, Männer, erst einmal drei Bier von den Eisenbahnern. Hey Penguin – was läuft?! Kommst etwas spät, aber dein von unterwegs bei Rosie geordertes Porterhousesteak wird gleich serviert. Siehst ja, ist ordentlich was los im Old Bedlam; trotzdem ist Rosie abgehauen zum Jazzdancing! Läßt mich mit all der Arbeit allein. Da kannste nichts machen ...!" Achselzuckend verschwand Festus daraufhin in der Küche.

Genußvoll sein Glas Bier hebend, wollte er gerade Teddy und Ratze zuprosten, als plötzlich ein dröhnendes Rumoren hörbar hereingetragen wurde. Es klang, als triebe man in einiger Entfernung hunderte von Rindern durch die weite Grasebene der „Blue Montains"...

Sich binnen kurzem steigernd, legte sich dieses Geräusch gänzlich über die dudelnde Musik „Waiting for a train" vom „Mann in Schwarz, dessen Gesicht sich wie aus einem Steckbrief darstellt".

Das Röhren übertönte unnachgiebig alles andere, bis es plötzlich abrupt erstarb. Das biergeschwängerte Gegröle der Eisenbahner am Tresen brach auf der Stelle ab. Vollständig unbeachtet von den Snookers rollten die Billardkugeln lautlos an die Tischbande Niemand sprach ein Wort. Nicht die kleinste Regung war mehr zu spüren. Ein zäher Moment der Atemlosigkeit breitete sich aus.

Gebannt starrten die Anwesenden in Edd's Snackbar hinüber zur Eingangstür ...

Jäh wurde die Pendeltür aufgestoßen, und eine nahezu unüberschaubare Truppe von Bikern strömte ungestüm herein. Durch die offenstehende Tür konnte man die aufgebockten chromblitzenden und kraftstrotzenden Maschinen stehen sehen.

Irgendwie wurde es spürbar ungemütlich in Edd's Snackbar. Zugleich verstummte der Johnny-Cash-Song in der Musikbox.

Angestrengt umlauerten die anwesenden Eisenbahner und LKW-Fahrer die Neuankömmlinge.

Diese gingen völlig gleichgültig zwischen den beiden Billardtischen hindurch. In der Mitte von Edd's Snackbar bauten sie sich auf. Den Männern haftete eine Einmütigkeit an, die sie auf den Sätteln ihrer pyknischen Maschinen aus Chrome und Stahl zusammengeschweißt hatte.

Jeder der Männer war mit einer schwarzen Ledermontur bekleidet, und in ihren spiegelnden Sonnenbrillen zeigte sich das Abbild von Edd's Snackbar.

Alsdann löste sich einer aus dem Pulk und schritt geradewegs auf die stumme Musikbox zu. Er warf ein paar Münzen ein und schlug mit der Faust ungehalten auf die Wahltasten.

Danach drehte er sich um, verzog süffisant den Mund, schmiß seine Lederjacke über die Schulter, nickte zu den anderen hinüber und machte mit seinem Daumen ein eindeutiges Zeichen.

Wie auf ein vereinbartes Kommando hin fläzten die Biker sich in die alten Kinosessel neben der Filmmaschine, streckten ihre Beine aus und blickten ungeniert in die Runde.

In diesem Augenblick brandete es lautstark aus den Lautsprechern: „Born to be wild", „Don't bogart me", „Kyrie Eleison Mardi Gras", „The Pusher". Niemand in Edd's Chevron Station konnte sich dem entziehen ...

Unverwechselbar Linden –

Am Schnittpunkt der Bundesstraße 6 und der 441, verschiedener

Landstraßen, der Eisenbahnlinien und dem am Zweigkanal liegenden Linden:

Linden / Hannover; Linden / Tennessee; Linden / Ohio; Linden / North Carolina; Linden / Iowa; Linden / New Jersey; Linden / Alabama Marengo County; ...